왕의 비서실,
승정원 사람들과
『승정원일기承政院日記』

왕의 비서실,
승정원 사람들과
『승정원일기承政院日記』

초판 1쇄 인쇄 2023년 11월 13일
초판 1쇄 발행 2023년 11월 20일

—

기 획 한국국학진흥원
지은이 신병주
펴낸이 이방원

책임편집 정조연   **책임디자인** 박혜옥
마케팅 최성수·김 준   **경영지원** 이병은

—

펴낸곳 세창출판사
  신고번호 제1990–000013호 주소 03736 서울특별시 서대문구 경기대로 58 경기빌딩 602호
  전화 02–723–8660 팩스 02–720–4579 이메일 edit@sechangpub.co.kr 홈페이지 http://www.sechangpub.co.kr
  블로그 blog.naver.com/scpc1992 페이스북 fb.me/Sechangofficial 인스타그램 @sechang_official

—

ISBN 979–11–6684–260–3 94910
     979–11–6684–259–7 (세트)

왕의 비서실,
승정원 사람들과
『승정원일기承政院日記』

신병주 지음
한국국학진흥원 기획

세창출판사

한국국학진흥원에서는 2022년부터 문화체육관광부의 지원으로 전통생활사총서 사업을 기획하였다. 매년 생활사 전문 연구진 20명을 섭외하여 총서를 간행하기로 했다. 올해 나온 20권의 본 총서가 그 성과이다. 우리 전통시대의 생활문화를 대중에 널리 알리고 공유하기 위한 여정이 시작된 것이다.

한국국학진흥원은 국내에서 가장 많은 민간기록물을 소장하고 있는 기관으로, 그 수는 총 62만 점에 이른다. 대표적인 민간기록물로 일기와 고문서가 있다. 일기는 당시 사람들의 일상을 세밀하게 이해할 수 있는 생활사의 핵심 자료이다. 고문서는 당시 사람들의 경제 활동이나 공동체 운영 등 사회경제상을 이해할 수 있는 자료이다.

한국의 역사는 『조선왕조실록』이나 『승정원일기』와 같이 세계적으로 자랑할 만한 국가기록물의 존재로 인해 중앙을 중심으로 이해되어 왔다. 반면 민간의 일상생활에 대한 이해나 연구는 관심을 덜 받았다. 다행히 한국국학진흥원은 일찍부터 민간에 소장되어 소실 위기에 처한 자료들을 수집하고 보존처리를 통해 관리해 왔다. 또한 이들 자료를 번역하고 연구하여 대중에 공개했다. 그리고 이러한 민간기록물을 활용하고 일반에 기여할 수 있는 방법으로 '선농시대 생활상'을 내용서도 심씰하는 방식을 통해 생생하게 재현하여 전달하고자 했다. 일반인이 쉽게 읽을 수 있는 교양학술총서를 간행한 이유이다.

총서 간행을 위해 일찍부터 생활사의 세부 주제를 발굴하는 전문가 자문회의를 개최하고, 전통시대 한국의 생활문화를 가장 잘 구현할 수 있는 핵심 키워드를 선정하였다. 전통생활사 분류는 인간의 생활을 규정하는 기본 분류인 정치·경제·사회·문화로 지정하였다. 이를 기반으로 매년 각 분야에서 핵심적인 키워드를 선정하여 집필 주제를 정했다. 금번 총서의 키워드는 정치는 '관직생활', 경제는 '농업과 가계경영', 사회는 '가족과 공동체 생활', 문화는 '유람과 여행'이다.

분야마다 5명의 집필진을 해당 어젠다의 전공자로 구성하였다. 서술은 최대한 이야기체 형식으로 다양한 사례를 풍부하게 녹여 달라고 요청하였다. 특히 어디서나 간단히 들고 다니며 읽을 수 있도록 쉽게 서술해 줄 것을 부탁하였다. 그러면서도 본 총서는 전문연구자가 집필했기에 전문성 역시 담보할 수 있다.

물론 전문적인 서술로 대중을 만족시키기는 매우 어렵다. 그래서 원고 의뢰 이후 5월과 8월에는 각 분야의 전공자를 토론자로 초청하여 2차례의 포럼을 진행하였다. 11월에는 완성된 초고를 바탕으로 1박 2일에 걸친 대규모 학술대회를 개최하였다. 포럼과 학술대회를 바탕으로 원고의 방향과 내용을 점검하는 시간을 가졌다. 원고 수합 이후에는 책마다 전문가 3인의 심사의견을 받았다. 2023년에는 출판사를 선정하여 수차례의 교정과 교열을 진행했다. 책이 나오기까지 꼬박 2년의 기간이었다. 짧다면 짧은 기간이다. 그러나 2년의 응축된 시간 동안 꾸준히 검토 과정을 거쳤고, 토론과 교정을 진행하며 원고의 완성도를 높이기 위해 분주히 노력했다.

전통생활사총서는 국내에서 간행하는 생활사총서로는 가장 방대한 규모이다. 국내에서 전통생활사를 연구하는 학자 대부분을 포함하였다. 2022년도 한 해의 관계자만 연인원 132명에 달하는 명실공히 국내 최대 규모의 생활사 프로젝트이다.

1990년대 이후 폭발적으로 증가했던 일상생활사와 미시사 연구는 근래에는 학계의 관심이 소홀해진 상황이다. 본 총서의 발간이 생활사 연구에 다시 활력을 불어넣는 계기가 되기를 기대한다. 연구의 활성화는 연구자의 양적 증가로 이어지고, 연구의 질적 향상 또한 이끌 것이다. 그렇게 된다면 전통문화에 대한 대중들의 관심 역시 증가할 것으로 기대된다.

본 총서는 한국국학진흥원의 연구 역량을 집적하고 이를 대중에게 소개하기 위해 기획된 대표적인 사업의 하나이다. 참여한 연구자의 대다수가 전통시대 전공자이며, 앞으로 수년간 지속적인 간행을 준비하고 있다. 올해에노 20냉의 새도운 십실사가 각 어젠다를 중심으로 집필에 들어갔고, 내년에 또 20권의 책이 간행될 예정이다. 앞으로 계획된 총서만 80권에 달하며, 여건이 허락되는 한 지속할 예정이다.

대규모 생활사총서 사업을 지원해 준 문화체육관광부에 감사하며, 본 기획이 가능하게 된 것은 한국국학진흥원에 자료를 기탁해 준 분들 덕분이다. 이 자리를 빌려 그분들께 다시 한번 감사드린다. 아울러 총서 간행에 참여한 집필자, 토론자, 자문위원 등 연구자분들께도 감사 인사를 전한다. 책의 편집을 책임진 세창출판사에도 감사드린다. 이 모든 과정은 한국국학진흥원 여러 구성원의 노력이 있었기에 가능했다.

2023년 11월
한국국학진흥원 연구사업팀

차례

들어가는 말

2022년 5월 10일, 새로운 대통령이 취임하면서 비서실에 관한 관심도 커지고 있다. 70년 가까이 대통령의 집무 공간으로 활용되어 온 청와대 시대를 마감하고, 용산 집무실 시대가 열리는 것이 무엇보다 가장 큰 변화이다. 이제 청와대에서 대통령을 보좌하던 '청와대 비서실'이라는 명칭도 역사 속으로 사라졌다. 조선시대에도 왕의 비서실인 승정원承政院이 운영되었고, 현재의 대통령 비서실장이나 대통령실 수석에 해당하는 직책이 있었다. 도승지, 좌승지, 우승지, 좌부승지, 우부승지, 동부승지 등 육승지가 그들이다.

조선시대 비서실에서 하는 가장 큰 임무 중 하나가 왕의 일거수일투족一擧手一投足을 포함하는 업무일지를 작성하는 것이었다. 『승정원일기承政院日記』로 명명된 이 기록물은 조선 초기부터 시작되었으나, 현재까지 전하는 기록은 1623년(인조 1)부터 1910년(융희 4)까지, 288년간의 기록물이다. 약 2억 4500만여 자로 구성된 세계 최장의 기록물이라는 점에서 세계적으로 그 가치를 인정받아, 『승정원일기』는 2009년, 유네스코 세계기록유

산으로 지정되었다. 조선시대에는 다양한 기록문화유산들을 제작하고 보관하였다. 『승정원일기』는 『조선왕조실록朝鮮王朝實錄』, 『일성록日省錄』, 『비변사등록備邊司謄錄』과 함께 낱낱별로 정치, 사회, 경제의 주요 현안들을 기록하고 있다. 국가에 중요한 행사가 있으면 예법에 맞게 의식을 행하고, 후대에 참조할 수 있도록 기록과 그림으로 정리한 의궤儀軌도 세계적인 기록물로 평가받고 있다.

1866년(고종 3) 병인양요 때 강화도를 침공했던 프랑스 해군 장교 주베르가 "이곳에서 감탄하면서 볼 수밖에 없고 우리의 자존심을 상하게 하는 것은 아무리 가난한 집에라도 어디든지 책이 있다는 사실이다"라고 고백했듯이, 조선인들은 누구나 책을 가까이했다. 현재 유네스코 세계기록유산에 조선시대 기록물이 다수 지정된 것에서도 조선시대 기록문화의 우수성을 엿볼 수가 있다.

본 저술에서는 조선시대에 왕을 가장 가까운 거리에서 보좌하는 역할을 맡은 승정원의 주요 기능과 함께, 그들의 역할을 소개하고자 한다. 승정원에서 일어났던 주요한 에피소드와 함께 『승정원일기』의 편찬과 자료적 특징, 그리고 일기에 기록된 흥미로운 내용에 관해서도 소개할 것이다. 『승정원일기』를 바탕으로 하면서, 『승정원일기』의 1차 사료에 해당하며, 승정원의 사관史官이라 할 수 있는 주서注書의 기록인 『당후일기堂后日記』[1]
도 적극 활용할 것이다. 그럼으로써 승정원과 『승정원일기』와
관련하여 역사적으로 의미 있고 흥미로운 사례들을 소개하여
조선시대 왕 비서실의 생생한 현장 모습들을 파악하는 데 주안
점을 두고자 한다. 당시의 사례들을 참조하여 조선시대 왕의 비
서실과 현재 대통령 비서실의 유사점과 차이점을 살펴보는 것
도 좋을 듯하다.

1

왕의 비서실,
승정원은
어떤 관청일까?

승정원의 조직과 역할

승정원은 조선시대에 왕명의 출납에 관한 일을 맡아보던 기관으로 오늘날 대통령 비서실에 해당한다. 승정원에서는 왕의 지시나 명령을 정부 각 기관과 외부에 전달하는 역할과 함께 국왕에게 보고되는 각종 문서나 신하들의 건의사항을 왕에게 전달하는 임무를 수행하였으며, 정원政院, 또는 후원喉院, 은대銀臺라는 별칭으로 불렸다. '후喉'는 목구멍을 뜻하는 한자어로 승정원이 국왕의 말을 바로 대변하는 요처임을 암시한다. '은대'는 중국 송나라 때 궁궐인 은대문銀臺門 안에 은대사銀臺司를 두어 천자에게 올리는 문서와 관아 문서를 주관하도록 한 데서 유래한 말이다.

『경국대전經國大典』을 보면 승정원은 정3품 아문으로, "왕명을 출납하는 일을 맡는다. 당하관은 모두 문관을 쓴다"라고 기록되어 있으며,[2] 성현成俔이 쓴 『용재총화慵齋叢話』에서는 승정원을 '후설喉舌의 직'으로, 승지를 '은대학사銀臺學士'로 표현하고 있다. 실학자 유득공柳得恭의 아들로, 19세기에 주로 활약한 학자 유본예柳本藝가 쓴 『한경지략漢京識略』[3]에는 다음과 같이 승정원의 위치와 구조 등이 상세히 묘사되어 있다.

승정원은 인정전 동쪽 연영문延英門 안에 있다. … 이곳에는 다락이 있는데 현판을 육선루六仙樓라 했다. 또 상서성尙書省, 은대의 두 현판이 있다. 정청政廳에는 계자판啓字板[왕에게 아뢸 사항들을 정리한 판]을 모셔 두고 매일 새벽에 승지들이 출근하여 계자판 앞에 늘어앉아서 각 방의 문서와 사무를 정리한다. 신시申時[오후 3시-오후 5시]가 된 뒤에 퇴근하고 승지 둘은 숙직한다. 주서 둘과 사변가주서事變假注書는 승정원 북쪽에 있는 방에 거처하는데, 이를 당후堂後라 하고 서문중徐文重이 현판을 썼다. 동편 다락을 사선각四仙閣이라 하며 이현석李玄錫이

현판을 썼다. 당후의 동쪽 방은 한림翰林으로 겸춘추兼春秋가 거처하는 곳인데 현판을 우사당右史堂이라 하고 또 현판을 기서두실起居注室이다 하고 정히언鄭夏彦이 현판을 썼다. 주서의 숙직소 방 북쪽에 또 한 칸의 작은 방이 있는데 보통 곽방槨房이라 한다. 즉 기주관記注官의 사초史草를 간수하는 곳으로 다른 사람은 감히 들어가지 못한다.

—『한경지략漢京識略』, 「궐내각사闕內各司·승정원承政院」

위의 기록에서 승정원의 구조와 배치된 현판, 매일 새벽 승정원 관리들의 출근 현황, 각 방의 구성, 사초의 보관 상황 등을 알 수 있다. 퇴근 시간이 신시인 것으로 보아 가을과 겨울의 상황임을 짐작할 수 있다. 『경국대전』에는 관리들의 출퇴근 시간이 규정되어 있는데 봄과 여름에는 묘시卯時(오전 5시-오전 7시) 출근, 유시酉時(오후 6시-오후 8시) 퇴근이며, 가을과 겨울에는 진시辰時(오전 7시-오전 9시) 출근, 신시 퇴근이었다.

위의 기록에 나오는 서문중(1634-1709), 이현석(1647-1703), 정하언(1702-1769)은 주로 숙종과 영조 대에 활약한 인물이다. 『한경지략』이 19세기 초반에 편찬되었음을 고려하면, 조선 후기 승정원의 기본 구조는 위의 기록에 나타난 모습이었을 것으로

〈동궐도〉에서 확인할 수 있는 승정원, 〈동궐도〉, 동아대학교 석당박물관 소장

기별청, 문화재청 국가문화유산포털에서 전재

보인다. 기록을 바탕으로 승정원 복원 방안도 모색할 수 있다.

조선 전기에는 승정원이 경복궁 근정전의 서남쪽 월화문月華門 밖에 위치하였고,[4] 조선 후기 승정원의 위치는 〈동궐도東闕圖〉에 표시되어 있다. 현종 연간에 간행된 『궁궐지宮闕志』, 「창덕궁지昌德宮志」의 '승정원' 조에 의하면, "승정원은 인정전 동쪽에 있다. 하나는 창경궁의 문정문文政門 밖에 있는데 왕명의 출납을 맡고 있다"라고 기록하고 있다.[5] 승정원이 궁궐 내부와 외부에 각각 한 곳씩 배치되었음을 알 수 있는데, 궁궐 외부에 승정원을 둔 것은 왕에게 보고할 내용을 보다 쉽게 접수할 수 있도록 배려했기 때문으로 여겨진다. 현재 경복궁 홍례문 왼쪽에 보면 '기별청奇別廳'이라는 건물이 눈에 들어오는데, 기별청은 승정원에서 외부 기관이나 지방에 보내는 문서를 전달한 곳이다. 요즈음에도 흔히 쓰는 "간에 기별도 안 간다"와 "서울에서 기별이 왔느냐"라는 말은 기별청에서 유래한 것이다. 1820년대 창덕궁과 창경궁의 모습을 담은 〈동궐도〉에는 인정전 동쪽 대청臺廳과 문서고文書庫 사이에 '은대'라는 명칭으로 승정원의 건물이 표시되어 있는데 이 일대에 『승정원일기』가 보관된 것으로 여겨진다.

승정원의 임무에 대해서는 각종 법전에 "왕명의 출납을 관장한다"라고 기록되어 있지만, 왕명의 출납뿐만 아니라 국왕 최측근에서 국정 전반에 걸친 업무를 보좌하는 것이 이들의 임무였다. 고종 대에 반포한 『육전조례六典條例』의 「승정원」 항목에는 승정원의 구체적인 업무로, 출납出納, 계품啓稟, 전지傳旨, 제향祭享, 등연登筵, 청패請牌, 청추請推, 거동擧動, 의절儀節, 영칙令飭, 과시科試, 정사呈辭 등의 내용이 규정되어 있다.[6] 승정원에서는 국왕이 내리는 모든 명령과 지시를 전달하고, 국왕에게 보고되는 정사政事를 처리했으며, 국왕의 자문에도 응하였다. 또한 외국 사신의 접대, 종묘제례와 같은 국가의식에서의 국왕 수행, 형정刑政의 처리 및 인사 참여, 국방, 과거, 교육 등 국정 전반에 광범하게 관여하였다. 조선 왕실의 혼례식을 기록한 『가례도감의궤嘉禮都監儀軌』 반차도에서도 왕의 뒤편에서 말을 타고 따라가는 승지의 모습을 확인할 수 있다.

여섯 명의 승지들은 모두 경연의 참찬관參贊官과 춘추관의 수찬관修撰官을 겸직하여, 국왕의 학문 증진에 힘을 쏟았으며, 실록과 같은 국가 기록물의 작성에도 참여하였다. 승정원의 최고 책임자인 도승지는 홍문관의 직제학과 왕실의 도장을 관리하는 상서원尙書院의 책임자를 겸직하기도 하였다. 이 외에 승정원에서는 궁궐 안의 쇄역鎖鑰(궁문이나 성문의 자물쇠)과 궁궐 문 등의 개폐를 주관하였는데, 궁궐의 출입자에게는 출입증에 해당하는 신부信符를 발급하기도 하였다. 최근까지 청와대 비서실이나 경호실에서 출입자를 확인했던 역할과도 흡사하다.

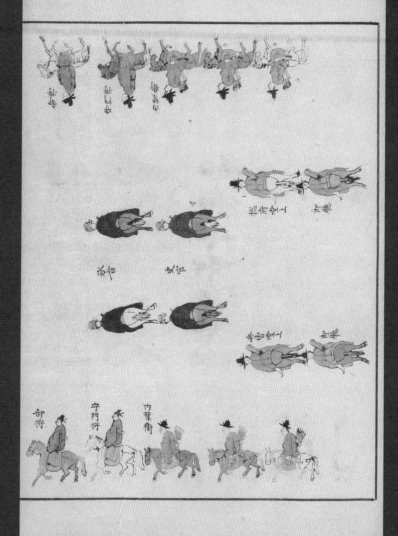

그림 3 반차도에서 확인할 수 있는 승지

『[영조정순후]가례도감도청의궤[英祖貞純后]嘉禮都監都廳儀軌』, 서울대학교 규장각한국학연구원 소장

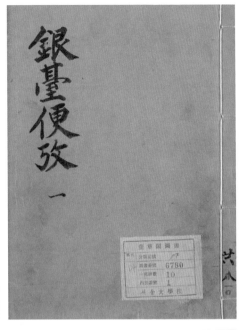

　　조선시대 승정원의 업무 규식을 담고 있는 자료로는 『정원
고사政院故事』, 『은대편고銀臺便攷』, 『육전조례』, 『은대조례銀臺條例』
등이 있다. 『정원고사』는 정조 재위 기간에 승정원의 업무 규정
에 관하여 내려진 국왕의 전교를 정리하여 순조 대에 편찬한 것
이며, 『은대편고』는 주로 영조, 정조, 순조 대의 사례를 중심으
로 하되, 헌종 대의 일부 내용까지 수록하여 헌종 연간에 편찬되
었다. 이 책에는 19세기에 승정원이 맡은 업무에 관한 각종 사
례와 업무 관련 법전 규정, 업무 수행의 지침과 절차, 참고사항

등이 정리되어 있다. 『육전조례』는 1865년(고종 2)에 편찬한『대전회통大典會通』의 간엄簡嚴함과 조략粗略함을 보충하기 위하여 다음 해에 찬수한 10권 10책의 법전으로, 대원군이 주도한 고종 초기의 개혁이 진행되는 시점에서 편찬되었다. 『은대조례』는 대원군의 명을 받아 승정원에서 정무를 전달, 집행하는 과정을 모아 1870년(고종 7)에 정리한 책으로 고종 초기 대원군이 주도한 관제 개혁, 나아가 정치 개혁의 방향을 이해하는 데 도움이 된다. 『은대조례』에는 대원군의 서문이 붙어 있어서 이 책의 편찬에 대원군의 의지가 상당히 개입되어 있음을 알 수 있다.[7]

승정원은 근대에 들어오면서 그 명칭에 변화가 생겼다. 1894년(고종 31), 갑오개혁으로 관제 개편이 일어나자 승정원은 궁내부 산하의 승선원承宣院으로 개편되었으며 그 권한도 대폭 축소되었다. 왕권의 약화를 가져오는 근대적 정치 개편으로 말미암아 왕실 비서실도 그 기능이 축소된 것이다. 1895년(고종 32) 4월에는 다시 시종원의 비서감으로 되었다가 동년 11월, 독립하여 비서원으로 개편되었다. 1905년(광무 9)에는 다시 비서감으로 명칭이 바뀌었으나 1907년(광무 11)에 폐지되었다. 이러한 비서실 개편은 『승정원일기』의 제목에도 반영되었다. 현재 규장각에서 소장 중인 『승선원일기承宣院日記』, 『궁내부일기宮內府日記』, 『비서감일기祕書監日記』 등은 제목은 다르지만 국왕의 비서실에서 기록한 일기라는 공통점을 갖고 있어서 함께 『승정원일기』라 해도 무리가 없다. 1890년대 이후 비서실의 빈번한 기구 개편에서 급박하게 돌아가던 근대사의 모습을 느껴 볼 수 있다.

승정원을 구성하는 사람들

승정원의 직제는 비서실장에 해당하는 도승지都承旨를 비롯하여 좌승지左承旨, 우승지右承旨, 좌부승지左副承旨, 우부승지右副承旨, 동부승지同副承旨 등 정3품 직책의 육승지와 정7품 직책의 주서注書 2명으로 구성되었다. 이들은 육조의 업무를 분장하기도 하였다. 도승지는 이조吏曹, 좌승지는 호조戶曹, 우승지는 예조禮曹, 좌부승지는 병조兵曹, 우부승지는 형조刑曹, 동부승지는 공조工曹의 업무를 주로 담당하였는데,[8] 오늘날 비서실장과 함께 대통령을 보좌하는 국정기획수석, 정무수석, 시민사회수석, 홍보수석, 경제수석, 사회수석 등이 각각 배치된 것과도 유사하다고 할 수 있다. 육승지는 입시할 때 이들이 자리한 위치에 따라 도승지, 좌승지, 우승지는 동벽東壁, 좌부승지, 우부승지, 동부승지는 서벽西壁이라 불리기도 했다.[9] 특히 도승지는 의정부의 삼정승, 이조판서 등과 인사권을 두고 각축을 벌이는가 하

면, 좌승지 이하를 지휘하면서 승정원 업무를 총괄하여 관장하는 위세를 발휘하였다.[10]

주서는 고려시대 이래의 당후관을 개칭한 것으로, 승지의 지휘를 받아 승정원 안의 기록과 문서를 관리하였고, 왕명이나 승지의 지시에 따라 관청 간의 업무 연락 등 여러 업무를 담당하였다. 특히 춘추관 기사관을 겸직하게 함에 따라, 역사 기록을 실질적으로 담당하고 『승정원일기』의 편찬에도 참여하였다. 승정원에는 전임직인 육승지와 2명의 주서 이외에 다른 부서에서 파견되는 가관假官이나 분관分官도 있었다. 가관이나 분관은 전임직의 유고나 특수한 행사에 있어서 실관實官의 임무를 대행하는 관원인데 승정원에서는 가승지假承旨, 분승지分承旨, 사변가주서事變假注書, 가주서假注書, 분주서分注書 등이 그들로, 승정원의 업무가 과다할 때 임시로 파견하거나 임명하였다. 분승지나 가승지는 내전의 거둥이나 교외 거둥 등에 임시로 차출하였다가 행사가 끝나면 감하減下하는 것이 일반적이었다.[11] 그러나 임진왜란이 일어난 후 전쟁에 관한 사실을 기록하기 위하여 임시로 설치한 사변가주서는 이후 국가적 위기에 능동적으로 대처하는 임무를 맡도록 정규직으로 하였다. 이들은 군무와 칙사, 국안鞫案 등 국방, 외교, 법률 관련 업무를 주로 기록하였다. 1867년(고종 4)에 편찬된 『육전조례』, 「이전」의 '승정원'에 관한 규정을 보면, 육승지, 주서 2명, 사변가주서 1명과 함께 이서 25명, 사령, 구종驅從, 수공水工, 대루원군사待漏院軍士 등 도예徒隸 50여 명이 승정원 관리들의 업무를 보조해 주는 것으로 나타나 있다.[12] 17세기에 저술된 이수광李睟光의 『지봉유설芝峯類說』에도 승정원의 이속吏屬은 별가別駕, 주사主事, 영사令史, 기관記官, 통인通引을 합하여 모두 36인을 두었다고 기록하여,[13] 승지와 주서를 보좌하는 하급 이속이 다수 존재했음을 밝히고 있다.

승정원은 의정부, 육조와 함께 조선시대 국정의 중심기관으로서, 육승지 또한 재상과 버금가는 정치력을 발휘하였다. 특히 앞서 말했듯 도승지는 의정부의 정승이나 이조판서들과 인사권을 두고 각축을 하는가 하면 좌승지 이하를 지휘하면서 업무를 총괄 관장하는 권력의 핵심으로 자리 잡았다. 최고 권력자와 가장 가까운 거리에 있는 비서실의 정치적 특성을 고려하면, 승정원 또한 오늘날 대통령 비서실처럼 막강한 권한의 중심지였다는 점이 쉽게 이해된다. 따라서 이곳에서 기록된 『승정원일기』는 이 책의 제목처럼 단순히 '비서실'이라는 한 부서에서 작성한 일기가 아니라, 왕을 정점으로 한 국정 전반에 관한 종합적인 기록이 되는 것이다.

2

역사 속의
승정원 사람들

왕을 가장 가까이에서 보좌하는 업무적인 특성상 승지의 직책은 사헌부, 사간원, 홍문관의 언론 삼사 직책과 더불어 요직으로 인식되었다. 판서나 정승으로 승진하는 관문과 같은 역할을 하기도 했다. 조선시대 역대 승지를 거쳐 간 인물의 명단을 기록한 『은대선생안銀臺先生案』(奎9727)[14]의 명단을 보더라도 권근과 황희 등 조선 초기 인물에서 시작하여 성삼문, 이수광, 박세당, 김창협 등 조선시대를 대표하는 정치인, 학자가 망라되어 있음을 확인할 수가 있다.

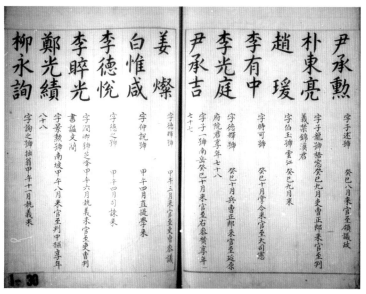

그림 6 『은대선생안』중 이수광 부분, 서울대학교 규장각한국학연구원 소장

태종의 비서실장, 황희의 명암

태종은 승정원을 독립기관으로 승격시킨 후에 비서실장에 해당하는 지신사知申事에 황희黃喜(1363-1452)를 임명했다.[15] 황희는 태종의 비서실장으로 3년 8개월간 재임하면서 태종의 왕권 강화 정책 실천에 일조하였다. 황희는 1400년(정종 2)의 좌명공신佐命功臣 출신이 아니면서도 1405년, 지신사(비서실장)에 임명되었다. 태종은 왕권 강화를 위해 공신 견제에 나섰고, 이를 수행

할 적임자로 황희를 지명했던 것이다. 황희는 지신사로 있으면서 이조 업무를 담당했고, 인사권을 장악했던 만큼 황희의 인사 권청에 대한 불만이 바로 터져 나왔다.

지신사는 승정원의 도승지를 일컫는 별칭으로, 조선 초기에 잠시 사용되었다. 1400년에 중추원을 의흥삼군부義興三軍府에 병

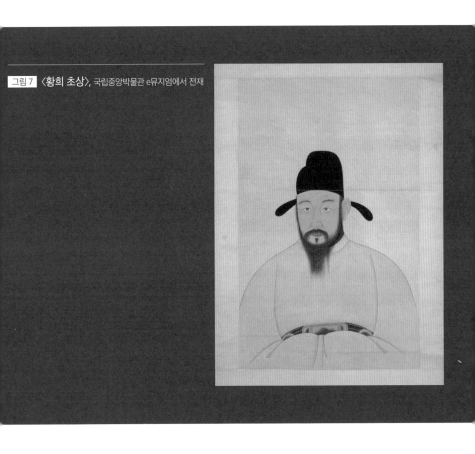

합하고 새로 승정원을 둠에 따라 중추원의 도승지와 승지가 승정원에 딸렸다가, 이듬해인 1401년(태종 1)에 의흥삼군부를 승추부로 고침에 따라 승정원의 도승지를 승추부의 지신사로, 승지를 대언代言으로 고쳤다. 1405년(태종 5)에 승추부를 병조에 합속함에 따라 다시 승정원에 소속되었는데, 1433년(세종 15)에 지신사를 도승지로, 대언을 승지로 고치면서 지신사라는 명칭은 역사 속에서 사라졌다.

1405년 12월 6일, 황희가 지신사에 임명된 후, 태종과 황희에 대한 기록은 여러 차례 등장한다. 죄인의 옥사를 지체하지 말 것을 명하거나, 궁궐 건물을 새로 조성할 때 의견을 물어보거나, 정치하는 요체를 극론했다는 것, 양녕대군讓寧大君의 세자빈을 정할 때 의안대군宜安大君과 황희를 보내 김한로金漢老의 딸을 배필로 정했다는[16] 등 황희에 대한 깊은 신임을 보여 주는 기록이다. 태종이 황희에게 은밀하게 인사 문제에 대해 다짐을 받는 내용도 보인다.

임금이 지신사 황희에게 은밀히 일렀다. "너와 박석명朴錫命이 매양 허조許稠가 쓸 만하다고 천거하였다. 지금 내가 비록 중궁의 친속이라 하여 사은私恩에 끌려서 곧 과감하게 결단하지 못하나, 대소 신민이 분노하여 민무구 등의 불충한 죄를 분주하게 이르는데, 허조는 집의 執義가 된 지 여러 날이 지난 후 떠나면서 못 들은 체하고 침묵을 지키며 한마디 말도 하지 않았다. 그 마음에는 반드시 민무구 등의 근거를 뿌리 뽑기 어려우며, 만약 그 죄를 말하였다가는 후환이 있을까 두려워한 것이다. 그 아부하는 것이 분명한데, 이것이 간사하지 아니한가! 너희들은 허조뿐만 아니고, 마땅히 그 사람의 충사忠邪를 살펴 천거해서 써야 한다. 나는 두렵건대, 당부하는 자가 많으면 마침내 민무구 등의 술책에 빠지게 될까 염려된다. 너희들은 마땅히 더욱 조심하라."

— 『태종실록』권14, 태종 7년(1407) 9월 25일

여기에서는 지신사에게 왕의 의중을 파악하여 인사할 것을 사실상 지시하고 있음이 나타난다. 『태종실록』권15, 태종 8년 (1408) 2월 4일의 기록을 보면 예전에는 좌·우정승左右政丞이 이조와 병조를 겸해 맡아서 전선銓選(인사권)을 관장하였는데, 황희가 지신사가 되면서, 인사권을 장악했다는 내용이 보인다.

다시 좌정승 성석린成石璘으로 겸 판이조사判吏曹事를, 우정승 이무李茂로 겸 판병조사判兵曹事를, 이문화李文和

로 호조판서를, 정구鄭矩로 예조판서를, 김한로로 판공안부사判恭安府事를 삼았다. 예전 제도에 좌·우정승이 이조와 병조를 겸해 맡아서 전선을 관장하였는데, 지신사 황희가 지이조知吏曹로서 중간에서 용사用事한 지가 오래되어, 비록 두 정승이 천거한 자라도 쓰지 않는 것이 많고, 자기와 친신親信한 사람을 임금께 여러 번 칭찬하여 벼슬에 임명하게 하니, 재상이 매우 꺼렸으나 어찌할 수 없으므로, 매양 전선할 때를 당하면 사양하고 회피하여 물러갔다. 이에 좌·우상左·右相이 모두 겸령兼領하는 것을 사면하니, 황희의 공정하지 못한 일을 갖추어 익명서를 만들어서 두세 번 게시揭示한 일이 있었다. 황희가 조금 뉘우치고 깨달아, 이때 이르러 계문啓聞해서 예전 제도를 회복하게 하였으나, 역시 재상의 의논을 쓰지 않고 붕당朋黨을 가까이하니, 사람들이 모두 지목하였다.

— 『태종실록』 권15, 태종 8년(1408) 2월 4일

위의 기록을 보면 황희의 인사권 전횡에 대한 불만으로 좌의정과 우의정은 인사권을 겸하는 것을 그만두었고, 황희를 비판하는 익명서가 두세 번 있었던 사실도 확인할 수가 있다. 황

희가 어느 정도 이를 수용하여 예전의 제도를 회복하였으나, 여전히 자신의 붕당을 계속 만들고 있다는 것이 핵심 내용이나. 이후에도 황희는 시신사를 넉넉히 받았고, 1409년(태종 9) 8월 10일, 재상직인 참지의정부사參知議政府事로 승진하면서, 1405년 12월 6일부터 맡은 3년 8개월간의 비서실장 자리를 그만두게 된다. 세종 시대를 대표하는 명재상 황희가 태종 때 최장수 비서실장을 지낸 것은 잘 알려지지 않은 사실이다. 그만큼 태종의 두터운 신임을 받았음을 방증하고 있으며, 왕권 강화 정책을 적극적으로 추진한 태종의 입장을 잘 헤아렸기에 가능한 일이었다.

한편 『태종실록』에는 황희가 지신사가 되기 전, 좌부대언左副代言으로 재직했을 때의 일화가 실려 있는 것이 주목된다.

> 임금이 말하기를 "대정大政에는 반드시 착오가 있기 때문에, 대정 뒤에 소정小政이 있는 것이다. 지금 간원에서 어찌 이것으로 탄핵하였겠느냐? 반드시 까닭이 있을 것이다. 만일 이것으로 탄핵하였다면 그 탄핵은 그르다. 탄핵이 정당하다면 출사할 수 없고, 탄핵이 정당치 못하다면 모두 출사하게 하는 것이 이미 정한 법이 있는데, 이 법이 어떠한가? 만일 부당한 것이 있으면

신하가 말하라. 내가 노怒하지 않겠다" 하였다. 일을 아뢰던 여러 신하가 모두 말하기를, "그렇습니다" 하였는데, **좌부대언 황희만은 말하기를 "전하의 밝으심으로 탄핵이 정당하고 정당치 않은 것을 분명히 아실 것입니다. 그러나 만일 후세의 영명英明함이 전하에게 미치지 못하여 부당한 것을 마땅하다 하고 마땅한 것을 부당하다 한다면 어찌 폐단이 없겠습니까?"** 하였다. 임금이 말하기를, "다시 말하지 말라. 내 뜻이 이미 정해졌다" 하였다.

—『태종실록』권10, 태종 5년(1405) 7월 17일

위의 기록에서는 직언을 서슴지 않았던 황희의 모습이 나타나는데, 이러한 황희의 기질을 알고, 비서실장인 지신사로 임명한 태종의 인재를 보는 안목을 확인할 수가 있다.

또한 『문종실록』의 황희 졸기에는 황희가 지신사로 발탁된 배경과 함께, 황희에 대한 태종의 두터운 신임, 민무구閔無咎·민무질閔無疾 형제 제거에 황희가 주도적인 역할을 했던 정황 등을 보여 주는 내용이 수록되어 있다. 박석명이 지신사로서 오랫동안 기밀機密을 관장하였는데, 여러 번 사면辭免을 청하자, 태종은 "경卿과 같은 사람을 천거해야만 그제야 대체할 수 있을 것이

다"라고 하였고, 이에 박석명이 추천한 인물이 바로 황희였다. 황희를 지신사에 임명한 태종은 모든 기밀사무를 맡길 정도로 두터운 신임을 보였다. 아래의 기록을 보자.

그[황희]가 아버지 상사喪事를 만나니, 태종은 승추부가 군무軍務를 관장하고, 또 국가에 사고가 많은 이유로써 무관의 백일百日에 기복출사起復出仕시키는 제도를 권도權道로 따르게 하여 대호군大護軍에 임명하고, 승추부경력承樞府經歷을 겸무하게 하였다. 우사간대부右司諫大夫로 승진되었다가 얼마 안 있어 좌부대언에 발탁되고 마침내 박석명을 대신하여 지신사에 임명되었다. 후하게 대우함이 비할 데가 없어서 기밀사무機密事務를 오로지 다하고 있으니, 비록 하루 이틀 동안이라도 임금을 뵙지 않는다면 반드시 불러서 뵙도록 하였다. [태종이] 일찍이 말하기를, "이 일은 나와 경卿만이 홀로 알고 있으니, 만약 누설된다면 경이 아니면 곧 내가 한 짓이다" 하였다. 훈구대신勳舊大臣들이 좋아하지 아니하여 혹은 그 간사함을 말하는 사람이 있기도 하였다. 이때 민무구·민무질 등이 권세權勢가 크게 성하여 종지宗支를 모해謀害하니, 황희는 이숙번李叔蕃·이응李膺·조영무趙英茂·

유량柳亮 **등과 더불어 밀지**密旨**를 받아 이들을 도모하였다.** 태종이 일찍이 이르기를, "만약 신중히 하여 빈틈이 없지 않으면 후회하여도 미칠 수 없을 것이다" 하였는데, 마침내 여러 민씨들이 실패하였다.

—『문종실록』권12, 문종 2년(1452) 2월 8일

위의 기록에서 비서실장 황희에 대한 두터운 신임과 함께, 태종의 대표적인 왕권 강화 정책인 외척 숙청에 있어 황희가 결정적인 역할을 했음을 알 수가 있다.

수양대군에게 옥새를 전달한 승지, 성삼문

1456년(세조 2), 단종 복위운동을 주도한 사육신의 핵심 인물로, 충신의 대명사로 지칭되는 성삼문成三問(1418-1456). 그런데 성삼문이 수양대군首陽大君에게 옥새를 전해 주는 임무를 맡은 승지였다는 사실을 아는 사람은 많지 않다. 어떤 사연이 있었던 것일까?

세종에게 최고의 총애를 받았던 성삼문은 문종과 단종을 보필하며『세종실록』,『역대병요歷代兵要』의 편찬 등 주요 사업을

성삼문선생유허지, 문화재청 국가문화유산포털에서 전재

수행하며 큰 역할을 했다. 특히 어린 단종을 부탁한 문종의 유명遺命은 성삼문에게 가슴 깊이 파고들었다. 그러나 성삼문의 인생은 1453년(단종 1) 10월 10일에 일어난 계유정난癸酉靖難으로 말미암아 큰 전환을 맞이하게 된다. 1453년, 성삼문이 좌사간左司諫으로 있을 때, 수양대군이 황보인皇甫仁·김종서金宗瑞 등을 죽이고 정권과 병권을 잡았다. 정변의 성공으로 수양대군은 영의정 이하 모든 권력을 차지했지만, 여전히 왕은 단종이었다. 수양대군은 김종서나 황보인의 빈자리를 채울 수 있는 젊고 명망 있는 관리로 성삼문을 주목했다. 성삼문은 수양대군에게 세종 대부터 함께 중요한 국책 사업을 해 온 동료이기도 했다. 성삼 문이 계유정난에 직접 가담하지는 않았지만, 수양대군은 그에 게 정난공신靖難功臣 3등의 칭호를 내리면서 포섭하려 했다. 성 삼문은 이를 사양하는 상소를 올렸지만 결국 공신에 책봉되었 다. 단종이 여전히 왕인 정국이었기에 성삼문의 관직 생활도 계 속되었다. 1454년(단종 2)에 성삼문은 집현전의 부제학이 되었 고, 예조참의를 거쳐, 1455년(단종 3)에는 동부승지가 되어 예방 승지禮房承旨의 업무를 담당하였다.

그러나 예방승지는 성삼문에게 가혹한 운명을 예고하는 직 책이었다. 1455년 윤6월, 수양대군의 압박 속에서 단종이 상왕 으로 물러나던 날, 성삼문은 수양대군에게 왕위를 상징하는 옥 새를 전해 주는 비서의 자리인 예방승지 직책에 있었다. 훗날 죽음으로 대항한 상대에게 옥새를 주는 임무를 수행했던 것은 성삼문의 기구한 운명으로밖에 풀이할 수 없을 것 같다.

『연려실기술燃藜室記述』에서는 "세조가 선위를 받을 때, 자기 는 덕이 없다고 사양하니, 좌우에 따르는 신하들은 모두 실색하 여 감히 한마디도 내지 못하였다. 성삼문이 그때 예방승지로서 옥새를 안고 목놓아 통곡하니, 세조가 바야흐로 부복하여 겸양 하는 태도를 취하다가 머리를 들어 빤히 쳐다보았다"라고 하여

경복궁 경회루, 문화재청 국가문화유산포털에서 전재

두 사람의 갈등을 예고하고 있다. 이어서 "박팽년朴彭年이 경회루 못에 임하여 빠져 죽으려 하매, 성삼문이 기어이 말리며 말하기를, '지금 왕위는 비록 옮겨졌으나, 임금께서 아직 상왕으로 계시니, 우리가 살아 있으니 아직은 일을 도모할 수 있다. 다시 도모하다가 이루지 못하면 그때 죽어도 늦지 않다' 하매, 박팽년이 그 말을 따랐다"라고 하여 성삼문과 박팽년이 처음 거사를 도모한 상황을 기록하고 있다.[17] 직책상 수양대군에게 어쩔 수 없이 옥새를 전달했던 성삼문, 그러나 옥새를 전달하는 운명과는 별도로, 그의 마음은 새로운 왕(세조)에게 향하지 않았다. 성삼문은 집현전에서 동문수학했던 박팽년, 하위지, 이개, 유성

원 등 뜻이 맞는 동지들을 규합하기 시작하였고 1456년, 상왕인 단종의 복위운동을 주도해 나갔다.

성삼문의 상왕 복위운동은 김질金礩의 밀고로 인하여 사전에 발각되었고, 성삼문은 세조 앞에 끌려왔다. 그런데 "세조가 곧 여러 승지를 불러들여 성삼문을 결박하고 심문하였다"라는 기록에서 볼 수 있듯이 한때는 성삼문의 동료였던 승지들로 하여금 그를 심문하게 한 모습도 묘한 아픔을 자아낸다.

폐비 윤씨에게 사약을 들고 간 이세좌

성종, 연산군 대의 관료 이세좌李世佐(1445-1504)의 자는 맹언孟彦이며, 본관은 광주廣州이다. 그는 조선 초기 최고의 명문가로 자리한 광주 이씨로서, 광성군廣城君 극감克堪의 아들이자, 좌의정 극균克均의 조카였다. 성종 대에 이세좌는 형방승지로 있으면서 직책상 폐비 윤씨에게 사약을 들고 가게 되는 운명에 처했다. 그리고 1504년(연산 10), 임사홍任士洪에 의해 폐비 윤씨 사사 사건이 다시 거론되면서, 갑자사화甲子士禍가 일어났고 이세좌는 결국 화를 입게 된다. 이세좌는 갑자사화의 도화선이 된 사건과도 관련이 있다. 『연려실기술』의 기록에 의거하여 사건을 재구성하면 다음과 같다.

일찍이 연산군의 어머니에게 사약을 내리던 날, 공이 형방승지로서 약을 가지고 갔었고, 공의 아들이 또 이조 홍문관에 벼슬하고 있으니 수형守亨은 사인舍人이고, 수의守義는 한림翰林이고, 수정守貞은 수찬修撰이었다. 임사홍과 유자광柳子光이 크게 시기하여 밤낮으로 연산주를 충동하여 옥사를 일으키려고 하였다. 연산군이 왕과 신하가 같이 즐기는 잔치를 정전正殿에서 베풀었던 날, 재상들이 잇달아 술 두 잔을 올리면 연산군도 끝의 술잔을 재상에게 돌려주었다. 재상들은 받아서 마셨는데 이세좌는 끝의 술잔을 받아서 마시지 못하고 물러 나왔다. 이튿날 연산주는 "신하가 임금이 주는 것을 받아 마시지 못한다고 거짓 핑계하고, 또 남은 술 방울을 임금의 옷에 뿌렸으니, 불경함이 이보다 더 심한 일이 없다. 이것은 큰 불경죄이니 이세좌를 옥에 가두라" 하고 문서를 수색하게 하였다. 모든 사대부가 그 집에 명함을 남겨 두었는데, 이것은 설날 세배 인사를 하고 남겨 둔 것이었다. 이들 중 서울과 지방의 여러 신하를 한 사람도 남김없이 모두 옥에 가두게 하니, 가주서 이희보李希輔도 옥

에 갇히었다. 이에 연산주가 "너는 소신小臣이니 그와
상관이 없을 것이다. 남아서 승정원의 일을 보살펴라"
하였다. 아마 이희보는 전에 궁인宮人의 만장을 지은 일
로 사랑을 얻었던 까닭이다. 수일 후에 여러 신하도 차
차 놓여 나왔다. 《기재잡기》

—『연려실기술』 권6, 「연산조고사본말燕山朝故事本末·
갑자화적甲子禍籍·이세좌李世佐」

　위의 기록에 의거하면, 이세좌는 형방승지로 있으면서 연산
군의 어머니 폐비 윤씨에게 사약을 들고 간 사실 때문에 연산군
의 미움을 샀고, 술자리에서 연산군의 옷에 술을 흘렸다. 연산
군은 이를 빌미로 왕에게 불경한 죄를 물었고, 결국 처형했다.
술자리에서의 실수보다 승지로서 어머니에게 사약을 가지고
간 괘씸죄가 더욱 크게 작용했음을 볼 수 있다.
　『성종실록』 권144, 성종 13년(1482) 8월 11일의 기록에는 성
종이 좌승지 이세좌에게 "윤씨의 오라비들을 의금부에 가두도
록 하라. 그리고 의정부·육조·대간을 불러서 내가 장차 물어보
겠다"라고 한 기록이 보여, 폐비 윤씨 처형 전후로 이세좌는 좌
승지로 있으면서 형방승지 임무를 맡은 것으로 나타난다. 8월
16일, 마침내 성종은 폐비 윤씨를 사사할 것을 명하고 좌승지

이세좌에게 이를 집행하도록 하였다. 이세좌는 자신이 폐비 윤씨의 얼굴을 알지 못하니, 내관內官과 함께 갈 것을 청하고 성송은 내관 조진曺疹에게 명하여 따라가게 하였다. 이세좌는 나시 내의內醫 송흠宋欽에게 "어떤 약藥이 사람을 죽일 수 있는가?"라고 물었고, 비상砒礵만 한 것이 없다는 답을 들었다. 이세좌는 주서 권주權柱로 하여금 전의감典醫監에 가서 비상을 가지고 오게 하였다. 폐비 윤씨에게 사약을 집행한 행위는, 이세좌에게는 연산군이 즉위한 후 늘 마음을 조이는 사건이었고, 그 뇌관이 연산군이 왕위에 오른 지 10년 만에 갑자사화로 폭발한 것으로 볼 수 있다.

이세좌는 결국 유배지를 전전하다가, 연산군에게 자진自盡의 명을 받고 죽었다. 『연산군일기』권52, 연산 10년 4월 9일 조에는 이세좌의 최후 모습이 비교적 자세하게 기록되어 있다.

> 의금부도사義禁府都事 안처직安處直이 와서 복명하여 아뢰기를, "신이 이달 4일 밝을 무렵에 곤양군昆陽郡 양포역良浦驛에 가서, 이세좌가 남해까지 가지 못하고 겨우 이 역에 온 것을 만났습니다. 신이 역 한쪽 나무 아래 앉아 세좌를 불러 말하기를 '위에서 너에게 죽음을 내렸으니 속히 죽도록 하라' 하니, 세좌가 손을 모아 잡고

땅에 엎드려 말하기를 '신이 중죄를 범하였는데 몸과 머리가 나누어짐을 면하게 되었으니, 성상의 은혜가 지극히 중한데 감히 조금인들 지체하겠습니까?' 하고 또 혼잣말로 '자진하기란 정말 어렵다' 하더니, 정자나무를 쳐다보며 말하기를 '이 나무에 목맬 수 있다. 그러나 가리운 것이 없어 안 되겠다' 하면서, 그 곁 민가로 가서 종에게 말하기를 '내 행장 속에 명주 홑이불이 있으니, 한 폭을 찢어 오라' 하였습니다. 그리고 말하기를 '내가 죽은 뒤에 개가 찢어 먹지 못하게 하기를 바랄 뿐이다' 하고 그만 조용히 상 위로 올라가 명주 폭으로 두 번 그 목을 매어 대들보 위에 달고, 발을 상 아래로 떨어뜨렸는데, 좀 있다가 기운이 끊어졌습니다. 신이 한참 앉아 있다가 군수郡守를 불러 함께 맨 것을 풀고 생기生氣가 없음을 살핀 뒤에 돌아왔습니다" 하였다. 왕이 묻기를, "세좌가 무슨 옷을 입었더냐?" 하매, 처직이 아뢰기를, "세좌가 한삼 이두汗衫裏肚와 감다색紺茶色 찢어진 철릭에다 위에 흰 베옷을 입었으며, 초립을 쓰고 녹비화鹿皮靴를 신고 검고 가는 띠를 띠었는데, 목을 맬 때 흰옷과 한삼을 풀고 갓과 띠를 끄르고 죽었습니다" 하였다. 또 묻기를, "세좌가 죽을 때에 안색이 어떠하더냐?" 하니, 처직이 아뢰기를, "안색은 변하지 않고, 평상 시와 같았습니다" 하였다.

— 『연산군일기』 권52, 연산 10년(1504) 4월 9일

위의 기록에서 연산군은 이세좌가 죽음에 임했을 때의 모습을 매우 자세하게 물어보고 있다. 이어서 "세좌가 울지 않고 안색이 전과 같았으니, 죽게 되어서도 그 기염氣焰을 꺾지 않으려 한 것이 아닌가? 또 옛날에도 이 같은 자가 있었는데, 어질다고 보느냐?"라면서 이세좌의 죽음이 관례적으로 정당한지에 대해 승정원에 집요하게 물었다.[18] 자신의 행위를 정당화하려는 의도였을 것으로 보인다.

곤란한 답변에 나서야 할 승정원의 승지 박열朴說과 권균權鈞은 "무릇 사람은 기국과 도량이 다르므로, 죽을 때에 놀라서 전도顛倒하는 자가 있고, 조용히 죽음에 나가는 자가 있습니다. 그러나 절개에 죽고 의에 죽는 것이라면 가하지만, 세좌로 말하면 진실로 조용히 죽음에 나갈 때가 아닙니다" 하였다. 이세좌의 최후 모습의 정당성까지 승정원의 승지들에게 확인하려 한 연산군의 집요함에서, 이세좌의 처형이 당시의 주요한 정치적 이슈였고, 승정원은 예나 지금이나 곤혹스러운 일을 처리했음을 확인할 수가 있다.

최근 정치 국면에서도 대통령 비서실장을 비롯한 비서실 근무자들이 정권이 바뀌게 되면 수난을 당하는 경우를 흔히 볼 수 있는데, 직책상 어쩔 수 없었다는 항변은 잘 받아들여지지 않는 모습이다.

정조의 비서실장, 홍국영

홍국영洪國榮(1748-1781)은 정조 즉위 직후 도승지가 되어 최고의 권력을 행사한 인물이다. 현대의 정치사에서도 관리형 비서실장이 있는가 하면, 제3공화국 시기 박정희 대통령의 비서실장을 지낸 이후락의 경우처럼 권력의 2인자 역할을 하는 비서실장이 존재한다. 홍국영은 권력을 누린 대표적 도승지였다.

홍국영은 풍산 홍씨로, 1772년(영조 48) 과거 급제 후, 이듬해 4월 한림翰林으로 발탁되어 사관으로 관직 생활을 시작한 것이 주목된다. 정조 즉위 이후의 급작스러운 출세라는 세간의 이미지와 달리 그가 영조 대부터 관직 생활을 했음을 알 수 있다. 홍국영은 정조가 세손으로 있던 1774년(영조 50) 3월에 동궁 시강원의 설서說書가 되었는데, 당시 노론의 견제 속에 저위를 위협

받던 세손의 최측근으로 자리를 잡아 갔다.

1776년(정조 즉위) 3월, 경희궁 숭정전에서 즉위식을 올린 정조는 즉위 직후 성우섬鄭厚謙, 홍인한洪麟漢 등의 숙청에 나섰다. 정조가 세손으로 있을 때 세손의 대리청정을 막았다는 것과 세손의 오른 날개로 인식된 홍국영을 제거하려 했다는 것이 주요한 이유였다. 영조 후반의 정국에서 홍인한이 세손인 정조를 압박할 때, 홍국영은 가장 적극적으로 홍인한을 탄핵하였다. 『영조실록』의 「영조대왕행장英祖大王行狀」에는 당시의 정황이 잘 기록되어 있다.

이때 적신 정후겸이 화완옹주和緩翁主의 후사가 된 양자로서 그 어머니와 함께 용사用事하여 매우 세력을 부렸는데, 홍인한은 세손의 외척으로서 바라는 것이 적지 않았으나, 그러나 세손께서 늘 그 사람됨이 탐욕스럽고 포악하며 지식이 없는 것을 더럽게 여겨 낯빛이나 말씀을 너그럽게 하신 적이 없으므로 홍인한이 불만하고 원망하여, 드디어 정후겸 모자에게 붙어서 꾀하여 평안감사가 되고 돌아와서는 또 후원을 받아서 입상入相하였다. 이 세 사람은 세손께서 영명英明하시어 뒷날 헤아릴 수 없는 죄를 받을까 두려워하여 홍지해洪趾海·

윤양후尹養厚 등과 맺어 사우死友가 되어 밤낮으로 비어蜚語를 만들어 저위儲位를 위태롭게 하려고 꾀하고 …

세손의 궁료宮僚인 홍국영이 목숨 걸고 지키고 떠나지 않으며 정민시鄭民始와 함께 늘 보좌하는 것을 꺼려서 여러 번 홍국영 등을 세손께 참소讒訴하여 그 세력을 고립시키려 하였으나, 세손께서 끝내 받아들이지 않으셨다. 이때 이르러 왕께서 시임時任·원임原任인 대신大臣을 불러 대청시킬 뜻을 이르셨는데, 홍인한이 앞장서서 옳지 않다고 말하였다. 왕께서 말씀하기를, "아조我朝에서 대청이 전후에 잇달아 있었던 것은 노고를 나누려는 것일 뿐이 아니라 저이儲貳가 나라의 일을 밝게 익히게 하려는 것이었다. 이를테면 노론老論·소론少論도 알아야 할 것이고 이판吏判·병판兵判도 알아야 할 것이다" 하셨는데, 홍인한이 분노를 낯빛에 나타내며 말하기를, "동궁께서 이판·병판을 아실 것 없고, 노론·소론을 아실 것 없고, 또 나라의 일을 아실 것 없습니다" 하였다. … 홍인한과 정후겸 모자가 안팎으로 방해하여 온갖 계책을 써서 종사의 위망이 호흡하는 사이에 닥쳐 있었다. 그러므로 홍국영이 근심하고 분개하여 정민시와 함께 연명으로 상소하여 토죄討罪를 청하려 하였으나 세손께서 옳지 않게 여겨 힘써 말리셨다.

—『영조실록』권127, 「영조대왕행장」

위의 기록을 보면 세손을 위협하는 정후겸과 홍인한 세력에 맞서, 끝까지 세손을 지켰던 홍국영의 모습이 잘 나타나 있다. 정조 즉위 후 홍국영에 대한 보상은 당연했고, 정조는 홍국영이 자신의 즉위를 도운 1등 공신임을 대내외에 천명하며 힘을 실어 주었다. 정조는 그를 승정원에 두면서 가장 의지할 수 있는 측근의 위치를 공고히 해 주었다. 홍국영은 1776년 3월 13일, 동부승지가 되었는데, 『정조실록』은 "홍국영을 특별히 발탁하여 승정원 동부승지로 삼았다"라고 기록하고 있다.[19] 승지로 임명된 직후 홍국영은 사도세자의 무덤인 영우원永祐園을 봉심奉審하고 돌아왔는데, 승지가 영우원을 봉심한 것은 전례에 없던 일이었다. 1776년 4월 13일에는 좌승지에, 동년 7월 6일에는 마침내 비서실장인 도승지에 올랐다. 홍국영은 영조의 국장을 총괄하는 총호사總護使로 임명되어 발인반차도發引班次圖를 초기草記하여 올리기도 했다.[20]

홍국영은 군권도 장악하였다. 그는 1777년(정조 1) 5월 27일, 금위영禁衛營의 대장으로 임명된 데 이어, 1778년(정조 2) 3월 15일에는 훈련대장까지 올랐다. 홍국영의 이러한 모습은 제5공화국 시절 전두환 대통령의 강력한 신임 속에 경호실장을 역임하면서 비서실장의 기능까지 수행했던 최고의 실세 장세동을 연상시킨다. 군권을 장악한 홍국영은 구선복具善復을 비롯하여 당시 군에서 엄청난 위세를 떨치고 있던 구씨 가문을 자기편으로 끌어들였고, 정조가 규장각을 설립한 후에는 첫 직제학을 맡았다. 거칠 것 없어 보였던 홍국영의 위상이 흔들리게 된 계기는 지나친 권력욕이었다. 정조와 효의왕후孝懿王后 사이에서 후사가 없자 대비였던 정순왕후貞純王后는 후궁 간택을 명했는데 홍국영은 자신의 여동생을 정조의 후궁으로 들였다. 원빈 홍씨의 가례는 후궁으로서는 이례적인 대접을 받았고, 왕비가 있음에도 으뜸 원 자인 '원빈元嬪'이라는 칭호를 받았다는 것에서 당시 홍국영의 정치적 위상을 보여 준다. 그러나 홍국영에게는 아쉽게도 원빈 홍씨는 1779년(정조 3)에 사망하였다. 홍국영은 이후에도 은언군恩彦君 이인李祖의 아들 상계군常溪君 이담李湛을 원빈 홍씨의 양자로 삼게 하고 군호도 완풍군完豊君으로 고쳤다. 여기에는 그를 정조의 후계자로 삼게 하려는 의도가 컸다. 이처럼 도가 지나친 행위는 정순왕후나 혜경궁惠慶宮 등 왕실 사람은 물론이고 다른 신하들의 반발을 샀고, 결국 정조마저 그를 견제하게 하는 원인이 되었다.

　1779년 9월 6일, 드디어 홍국영은 '조정 일에 관여한다면 천신天神이 자신을 죽일 것'이라는 내용의 사직 상소를 올렸고, 정조는 담담하게 이를 받아들였다. 당시 나이 32세였고, 지나친 권력욕이 그의 발목을 잡았던 것이었다. 정조의 강력한 신임 속에 비서실장과 경호실장의 역할을 함께 수행했던 홍국영이 도승지에 임명된 지 3년 만인 1779년 9월 26일에 올린 상소문의 주요 내용을 보자.

차대하였다. 도승지 홍국영이 앞에 나아가 아뢰기를, "신은 구구하게 아뢸 것이 있습니다. 성심聖心도 오늘을 기억하시겠지요. 오늘은 신이 임진년(1772)에 성명聖明을 처음 만난 날입니다. 그날부터 전하의 신에 대한 두터운 은혜와 특별한 지우知遇는 아마 천고千古에 없는 계회契會일 것입니다. 그 덕을 갚으려 하여도 하늘처럼 그지없다는 것은 신의 정사情私로서는 오히려 대수롭지 않은 말입니다. 이승에서는 참으로 천만분의 일도 갚을 길이 없으나 변함이 없는 진심을 몇 번이고 다시 태어나서 영구히 전하의 견마犬馬가 되어 조금이라도 정성을 다하기를 바랄 뿐입니다. 신의 구구한 초심初心은 다만 명의名義를 자임自任하는 것이었으니, 어찌 척리戚里의 신하가 되려 하였겠습니까마는, 사세에 몰려서 마지못한 것이 있었습니다. 근년 이래로 왕실의 인척이 되고 공사公私가 불행하여 올해 5월의 일이 있었습니다. 이 뒤로는 국사와 민심에 관계될 바가 없겠거니와 머무를 곳을 모르겠는데, 신이 밤낮으로 생각하고 갖가지로 헤아려도 이것은 모두 신이 아직도 조정에 있기 때문입니다. 그러므로 위에서는 차마 말씀하시지 못하고 아래에서는 차마 청하지 못합니다마는, 신 한 사람 때문에 나라의 계책이 이 지경이 되게 하였으니, 어찌 답답하지 않겠습니까? 오늘은 신이 성명을 길이 헤어지는 날입니다. 이제 부신符信을 바치고 나갈 것인데 신이 한번 금문禁門 밖으로 나간 뒤에 다시 세상일에 뜻을 두어 조지朝紙를 구하여 보고 사람을 불러 만난다면 이것은 국가를 잊은 것이니, 천신이 반드시 죽일 것입니다. 신이 5년 동안 나라의 일을 맡아보아 조정의 명령은 신의 손에서 많이 나갔습니다마는, 신은 탐오貪汚하고 속인 일이 별로 없었습니다. 천리天理는 순환循環하니, 어찌 줄곧 이러할 리가 있겠습니까?" 하고, 이어서 훈련대장의 명소命召를 풀어 손수 향안香案에 바치고 나갔다. … 정민시鄭民始가 말하기를, "뜻밖에 나온 일이므로 신들이 워낙 놀라고 의혹하였습니다마는, 다시 생각하여 보면 위에서나 아래에서나 어찌 생각 없이 그랬겠습니까? 신과 지신은 형제 같은 정이 8년 동안 한결같았으므로 오늘의 일은 참으로 매우 슬픕니다마는, 이제부터 앞으로 신도 한가로이 노닐 날이 있을 것입니다" 하니, 임금이 말하기를, "내가 젊었을 때부터 병통이 우연히 글을 읽는 데에 있었는데, 참을 수 없는 일을 참아 내는 것을 조금이라도 조수操守하는 공부라고 생각하였다. 오늘의 일도 사람이 참을 수 없는 지경인데 이것도 참아 내는 것이니, 내가 또한 어찌 그만둘 수 있었겠는가? 대저 예전부터 임금과 신하 사이는 은혜와 의리가 처음과 같이 끝내 보전하는 것이 첫째가는 방책이다. 지신이 이 뒤로는 세속을 벗어난 선비가 되어 노래하는 계집, 춤추는 계집과 어울려 그 몸을 마칠 수 있을 것이니, 경들도 틈을 타서 가서 만나면 또한 어찌 아름다운 일이 아니겠는가? 나는 자주 서로 만나고 싶지 않은 것은 아니나 출입이 잦은 것도 긴치 않으니, 혹 두어 달에 한 번 서로 소식을 알릴 생각이다" 하였다.

—『정조실록』권8, 정조 3년(1779) 9월 26일

홍국영은 또 상소를 올리는데, 정조와 자신의 관계를 후한 後漢의 광무제光武帝와 엄자릉嚴子陵으로 비유하고 있는 것이 주목된다. 엄자릉은 광무제의 절친이었다. 그러나 친구가 황제에 오르자 이름을 바꾸고 몸을 숨겼다. 광무제가 명을 내려 찾고 보니 촌부로 낚시를 하고 있었다. 황제는 친구를 황실에 머무르게 하고 벼슬을 내렸으나 엄자릉은 사양했다. 그날 밤 떠돌이 별이 천자의 별을 범하는 사건이 벌어졌다. 엄자릉이 광무제와 함께 잠을 자다가 황제의 배 위에 다리를 올리는 불경한 일이 생긴 것이다. 다음 날 아침 천문을 관장하는 태사太史가 광무제에게 "천상을 보았사온데 객성이 북극성을 범했습니다. 별일 없으셨습니까" 하고 물었다. 이에 광무제는 웃으며 "친구 엄자릉과 잤을 뿐이다"라고 대답했다. 이후 엄자릉은 끝내 벼슬을 마다하고 부춘강으로 돌아가 밭을 갈고 낚시하며 생을 마쳤다. 홍국영의 상소를 보자.

신이 전하께서 병신년(1776) 3월 10일, 등극하시기 전 어느 밤에 눈물을 흘리며 아뢰기를, '광무제는 능히 엄자릉의 고절高節을 이룩하였습니다. 신은 워낙 자릉에게 미치지 못하나 저하邸下께서는 어찌 광무제만 못하시겠습니까? 신이 강호의 한 백성이 되게 하여 주시면 바라는 것이 만족하겠습니다' 하니, 전하께서 신의 손을 잡고 또한 눈물을 흘리시며 '이때 그대가 떠날 수 있는가? 누어 해를 지내고 나라의 일에 두서가 있거든 그때 그대가 떠나도 될 것이다' 하시므로, 신이 절하고 엎드려 명을 받고 드디어 무리를 쫓아 따라갔는데, 이제 또 서너 해를 지냈습니다. 아! 전하께서 이 말을 기억하실 것이고 좌승지 정민시도 이 말을 들었을 것인데, 신이 어찌 감히 속일 수 있겠습니까? 아! 예전부터 나라의 일을 맡은 자가 어찌 한정이 있겠습니까마는, 신이 나라의 일을 맡은 것은 또한 특이합니다. 무릇 크고 작은 공사의 절박한 근심과 즐거움은 신이 모르는 것이 없었고, 무릇 안팎의 크고 작은 소리와 맛의 맵고 짠 것은 신이 관여하지 않은 것이 없었으니, 신하로서 이렇게 중대한 일을 부담하고도 끝내 무사하여 자리에서 죽은 자가 있겠습니까? 신이 전하를 섬긴 이래로 오직 '마음을 속이지 않는다(不欺心)'는 석 자를 지켜서 다행히 무사히 지금에 이르렀습니다. 탐련貪戀하여 떠나지 않다가 마침내 낭패하게 되더라도 신은 본디 아까울 것은 못 됩니다마는, 뒷날 논하는 자가 어찌 임금과 신하 사이에 대하여 의논하지 않겠습니까? 이것이 신

이 광무제와 자릉의 일을 당초에 전하게 아뢴 까닭입
니다.

—『정조실록』권8, 정조 3년(1779) 9월 26일

홍국영이 정조와 자신의 운명적인 관계를 광무제와 엄자릉
으로 비유한 데 대하여 정조는 다음과 같은 비답을 내렸다.

"오랜 예전부터 영구한 후세까지 어찌 우리와 같은 임
금과 신하의 만남이 있겠는가? 나에게 이미 순舜임금·
우禹임금 같은 명철함이 없거니와 경도 [순임금을 섬긴]
직稷·설契의 현량賢良에 미치지 못하나, 그 만남을 돌아
보면 천년에 한 번 만날 만한 때에 보필을 부탁하였으
니, 옛사람에 견주더라도 그 신의信義는 못 하지 않을
것이다. 이 때문에 매우 믿고 오로지 위임한 것이 이제
4년이 되었다. 아! 을미년 동짓달에 강석講席에서 한 말
과 병신년 3월에 여차廬次에서 아뢴 것과 지난해 6월 가
례嘉禮 때에 한 말은 경의 마음속의 간절한 것인 줄 본
디 알면서 나는 만류하였거니와, 경이 오늘 청한 것에
대해서만 내가 윤허하였다마는, 어찌 전에 말한 것들
에 대하여 인색하고 뒤에 청한 것에 대하여 따른 것이

겠는가? 내 마음을 경만은 알 것이니, 내가 어찌 차마 많이 말하여 말세의 거짓된 풍습을 본뜰 수 있겠는가? **아! 경의 뜻은 곧 내 뜻이니, 내가 성의 청을 애써 따른 뜻을 알려면 반드시 경의 글을 읽어야 잘 알 수 있을 것이다.** 아! 일전의 매복枚卜이 경의 집에 미친 것이 또한 어찌 범연한 뜻이었겠는가? 세도世道의 책무를 맡는 데에 어찌 마땅한 사람이 없을 것을 걱정하겠는가? 말에 나타내지 않은 숨은 뜻을 경은 말 없는 가운데에서 알 것이다. 생각하면, 우리 군신 사이를 모르는 세상 사람들이 오늘의 일을 보고 오늘의 일을 들으면 반드시 그렇게 말할 것인데, 이 뜻은 경의 상소에 이미 언급하였거니와 일반의 뜻이라 하겠으나, 우리 군신의 마음이 어떠하냐에 달려 있을 뿐이니, 또한 어찌하여 그 사이에서 조금이라도 동요하겠는가? 선마宣麻하는 날에 약간의 말을 갖출 것이다. 경의 상소 가운데에 있는 청을 윤허하니, 경은 헤아려 알라."

— 『정조실록』 권8, 정조 3년(1779) 9월 26일

위의 정조의 비답을 보면 홍국영에 대한 왕의 총애가 얼마나 컸던지를 잘 알 수 있다. 홍국영이 초반에 도승지로 활동한

이력과 더불어, 정조의 홍국영에 대한 이러한 평가는 홍국영을 조선 최고 권력을 누린 비서실장으로 위치 짓는 주요한 근거가 된다.

그러나 권력의 힘은 허망하다. 홍국영이 도승지에서 파직되자 그동안 그에 대한 원한이 있던 인물들의 상소가 빗발치듯 이어졌다. 정조도 어쩔 수 없이 그에게 유배를 명할 수밖에 없었다. 처음에 정조는 그를 도성에서 가까운 현재의 제기동에 놓아두며 몇 번의 왕래를 하였으나, 정조가 초본을 작성했다는 김종수金鍾秀의 유배 상소를 시작으로 계속되는 반대파의 상소를 받으며 도성에 출입할 수 없게 하고 강원도 강릉으로 유배지를 옮기게 했다. 정조의 신임을 완전히 잃었다는 좌절감 때문이었을까? 홍국영은 유배지 강릉에서 34세의 나이로 생을 마감했다. 홍국영의 사후에 그의 측근이었던 훈련대장 구선복 등의 역모가 발각되었고, 상계군 이담에게도 반역죄가 적용되면서 풍산 홍씨는 그야말로 몰락의 길에 이르렀다. 『정조실록』에는 홍국영에 대한 다음과 같은 평가가 기록되어 있다.

홍국영은 본디 학문이 없고 행검行檢이 없으며 성질도 가볍고 사나워서 동배同輩에 끼지 못하였다. 을미년·병신년 임금이 춘저春邸에서 외롭고 위태로울 때 그가 홍인한, 홍상간洪相簡 등 역적들과 원한이 있기 때문에 세자 시강원에 데려다 두었는데, 언동이 약빠르고 또 능히 서를이 하는 짓을 쇠나 고하고 써리시 낳으니, 이 때문에 특별히 총애하였다. 그래서 국변인國邊人으로 자처自處하고 역적을 친다고 핑계하여 제 뜻대로 다하였다. 임금이 등극하고서 한 해 안에 재상 줄에 뛰어오르고 지신사로서 숙위대장을 겸하여 중병重兵을 손에 쥐고 금중禁中에 오래 있으면서 모든 군국軍國의 기무機務와 대각臺閣의 언론과 양전兩銓의 정주政注를 다 먼저 결정한 뒤에야 위에 올리니, 공경公卿·백집사百執事부터 지방관이나 여러 관직까지 그가 시키는 대로 따랐다. 조금이라도 어기는 일이 있으면 뜻밖의 재앙이 당장 오므로, 온 세상이 두려워서 마치 조석朝夕을 보전하지 못할 듯하여 여염집에서 사사로이 말하는 자일지라도 다 지신사라 부르고 감히 그 이름을 가리켜 부르지 못하였다. 그 누이가 빈嬪이 되고서는 더욱 방자하고 무도하여 곤전坤殿(효의왕후)의 허물을 지적하여 함부로 몰고 협박하는 것이 그지없었으나, 임금이 참고 말하지 않았다. 그 누이가 죽고서는 원園을 봉封하고 혼궁魂宮을 두었고 점점 국권을 옮길 생각을 품어 앞장서 말하기를, '저사儲嗣를 넓히는 일은 다시 할 수 없다' 하고 드디어 역적 이인(은언군, 정조의 이복동생)의 아들을 대전관代奠官으로 삼고 그 군호君號를 고쳐 완풍完豐이라 하고 늘내 생질이라 불렀다. 완이라는 것은 국성國姓의 본관이완산完山을 뜻하고 풍이라는 것은 스스로 제 성의 본관인 풍산豐山을 가리킨 것이다. 가리켜 견주는 것이 매우도리에 어그러지므로 듣는 자가 뼛골이 오싹하였으나,큰 위세에 눌려 입을 다물고 감히 성내지 못하였다. 또적신賊臣 송덕상宋德相을 추겨 행색이 어떠하고 도리가어떠한 자를 임금에게 권하게 하였는데, 바로 담湛이다. 그래서 역적의 모의가 날로 빨라지고 재앙의 시기가 날로 다가오니, 임금이 과단果斷을 결심하였으나 오히려 끝내 보전하려 하고 또 그 헤아리기 어려운 짓을염려하여 밖에 선포하여 보이지 않고 조용히 함께 말하여 그 죄를 낱낱이 들어서 풍자하여 떠나게 하였다.홍국영이 제 죄악이 임금에게 깊이 밝혀진 것을 스스로 알아서 감히 항명하지 못하고 드디어 부신符信을 바치고 나가서 강교江郊에 살았다. 드디어 삼자함三字銜을주었는데 온 조정이 당황하고 놀라워하며 아는 자가없었던 것은 대개 임금의 큰 인애仁愛와 큰 도량 때문이다. 그가 숙위소宿衛所에 있을 때에 의녀醫女·침선비針線婢를 두고서 어지럽고 더러운 짓을 자행하였고, 거처하는 곳에 임금이 서서하는 곳과 발 하나가 막혔을 뿐인데 병위兵衛를 부르고 대답하는 것이 마치 사삿집과 같았고, 방 안에는 늘 다리가 높은 평상을 두고 맨발로 다리를 뻗고 앉았는데 경재卿宰가 다 평상 아래에 가서 절하였고, 평소에 말하는 것은 다 거리의 천한 사람이 하는 상스럽고 더러운 말투이고 장로長老를 꾸짖어 욕하고 공경公卿을 능멸하였으므로, 이때부터 3백 년 동안의 진신搢紳·사대부의 풍습이 하루아침에 땅을 쓴 듯이 없어졌다 한다.

—『정조실록』 권8, 정조 3년(1779) 9월 26일

위의 기록에서 정조와 홍국영의 만남, 정조 즉위 후 도승지로서 최고의 권력을 행사하고, 이것도 모자라 자신의 누이로 하여금 정조의 후계자로 만들고자 했던 홍국영의 무리수가 결국 파국의 길을 맞았음을 나타낸다. 정조의 비서실장 홍국영의 성장과 급격한 몰락은 최고 권력자의 처신은 어떠해야 하는가를 반면교사로 보여 주고 있다.

3

『승정원일기』는
어떻게 만들어졌을까?

『승정원일기』의 편찬과 활용

승정원의 업무에 대한 기록으로 가장 중요한 것이 『승정원일기』이다.[21] 편찬은 "승사承史"라 칭해진 승지와 주서가 공동으로 담당하였으며 최종 기록은 주서에게 맡겨졌다. 승지에는 무관도 임명될 수 있었으나 주서는 반드시 학문과 문장이 검증된 문관을 뽑아서 임명하였다. 또한 주서는 춘추관 기사관을 겸임하게 하여, 승정원을 거친 문서나 기록뿐만 아니라, 실록 편찬에 참고했던 국내외의 각종 기록을 두루 검토, 정리하는 임무를 수행하였다. 『조선왕조실록』의 편찬을 위하여 예문관에 봉교奉敎(정7품) 2명, 대교待敎(정8품) 2명, 검열檢閱(정9품) 4명 등 8명의

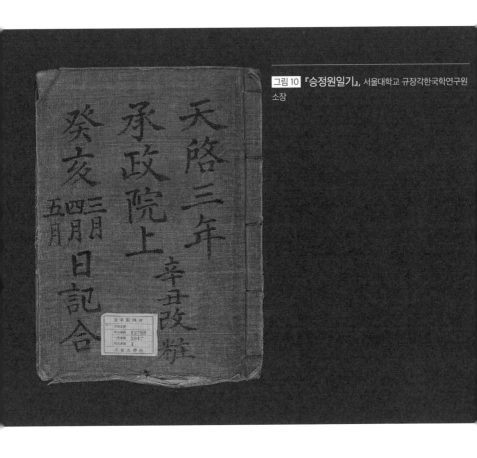

그림 10 『승정원일기』, 서울대학교 규장각한국학연구원 소장

한림을 두고 이들로 하여금 전임 사관의 역할을 하게 한 것처럼 『승정원일기』의 편찬을 위하여 전임 사관의 역할을 맡은 주서를 둔 것이다. 따라서 주서는 승정원의 사관史官이라 할 수 있다. 그리고 주서가 업무를 수행하지 못하는 상황이 되면 임시로 주서를 뽑았는데 이들을 '가주서假注書'라고 하였다.

주서가 기록한 일기는 다시 한 달분을 정리하여 국왕에게
올려 재가를 받는 절차를 거쳤는데, 왕에게 올리기 전 일기가
밖으로 유출되는 것은 엄격히 금지했다. 인조에서 경종 대까지
의 초기 기록은 2달 또는 3달의 기록이 한 책으로 편집된 예도
볼 수 있지만, 영조 대 이후에는 한 달 분량의 일기가 1책으로
편집되는 것이 원칙으로 되었다. 분량에 따라 한 달에 2책씩 작
성되기도 했는데, 대개 15일을 기준으로 하여 '망전望前'과 '망후
望後'로 분류하였다.

제작이 완료된 『승정원일기』는 승정원 일대에 보관하였다.
주서는 승정원에 보관된 모든 서적, 문서를 관리하였다. 승정원
에 보관된 문적文籍의 종류, 수량, 보관 장소는 명확하지 않지만,
이곳에서 『승정원일기』를 작성했다는 점과 국왕의 빈번한 서적
하사, 승지의 기능 등을 고려할 때 경적經籍은 물론 군국軍國의
기밀문서, 인사, 전고典故 관계 문서 등 그 종류와 수량이 엄청났
다고 추측된다. 그리고 그 보관처는 승정원 인근 장소였을 것으
로 추정된다.[22]

또 『조선왕조실록』에 의거하면 문종 대에 이미 『승정원일
기』를 참고한 사례가 나타나는 것으로 보아[23] 조선 초기부터 국
정의 주요 참고자료로 활용되었음을 알 수 있다. 『한경지략』에
도 "세종이 일찍이 사관의 기사가 엉성하다고 집현전 학사들에

게 모두 사관의 직책을 겸하게 하여 기사를 풍부하게 하고 처음으로 주서의 기주법記注法을 세웠으며 승지들도 기록하게 하라"고 했다고 하여,[24] 세종 대 이후부터 본격적으로 『승정원일기』의 편찬이 이루어졌음을 알 수 있다.

　『조선왕조실록』에는 국가의 전례 검토나 형정의 적용, 표류민의 처리 문제 등 복잡한 정치, 사회 현안이 제기될 때마다 전대의 『승정원일기』를 참고한 사례가 빈번하게 나타난다. 성종 대에는 선왕인 세조의 전교를 찾기 위해 『승정원일기』를 참고한 사례가 보이며, 중종 대에는 왜국에서 포로로 잡은 중국인을 조선에 송환하자 이에 관한 처리 문제를 검토하기 위해 신숙주가 통신사로 갔다 온 후에 보고한 서계를 실은 『승정원일기』를 참고한 사례가 보인다.[25] 이외에 가뭄이 극심하자 기우제를 지내기 위해 『승정원일기』를 상고할 것을 지시하거나,[26] 대상大祥과 담제禫祭 때의 일을 상고하기 위하여 고례古禮와 함께 『승정원일기』를 참고하였다.[27] 이러한 사례들에서 『승정원일기』는 국가에서 필요한 경우 그 전례를 살펴보기 위하여 적극 활용되었음을 알 수 있다. 한편 『승정원일기』는 광해군 대에 임진왜란으로 소실된 임진년 이전의 『선조실록』을 수정하는 데에도 주요 자료로 활용되기도 하였다.[28]

　그러나 『승정원일기』의 잦은 열람이 문제가 된 경우도 있다.

때문에, 『승정원일기』를 너무 쉽게 열람하는 폐단을 막고, 혹 참고할 경우라도 책을 꺼낸 사람과 날짜를 분명히 기록하여 책임의 소재를 확실하게 하기도 하였다.

> 『승정원일기』는 곧 송나라 때의 일력日曆과 같은 체모이다. 마땅히 비밀히 소장해야 하고 누설되지 않도록 하기를 사초와 다름없이 엄격하게 해야 할 것인데, 근년 이래로는 한결같이 이서들의 손에 맡겨 두고 전혀 착실하게 전례대로 지키지 않으니, 너무도 기주記注의 책임을 잃어버리고 있다. 지금부터 이후로는 긴급하게 거행할 일이 있어 전례를 상고하는 경우 외에는 절대로 살펴볼 것을 허락하지 말도록 하고, 비록 혹 살펴보는 경우라 하더라도 주서가 따로 책자 하나를 만들어 놓고, 아무 해 아무 달 아무 날에 승지 아무개가 아무 일로 인하여 아무 해 아무 달 아무 날의 일기를 고찰해 보게 된 다음에, 주서 아무개가 서고에 들어가 감독하였음을 조심해서 써 놓게 하여, 뒷날에 참고가 될 수 있도록 하라.
>
> ─『정조실록』권16, 정조 7년(1783) 7월 1일

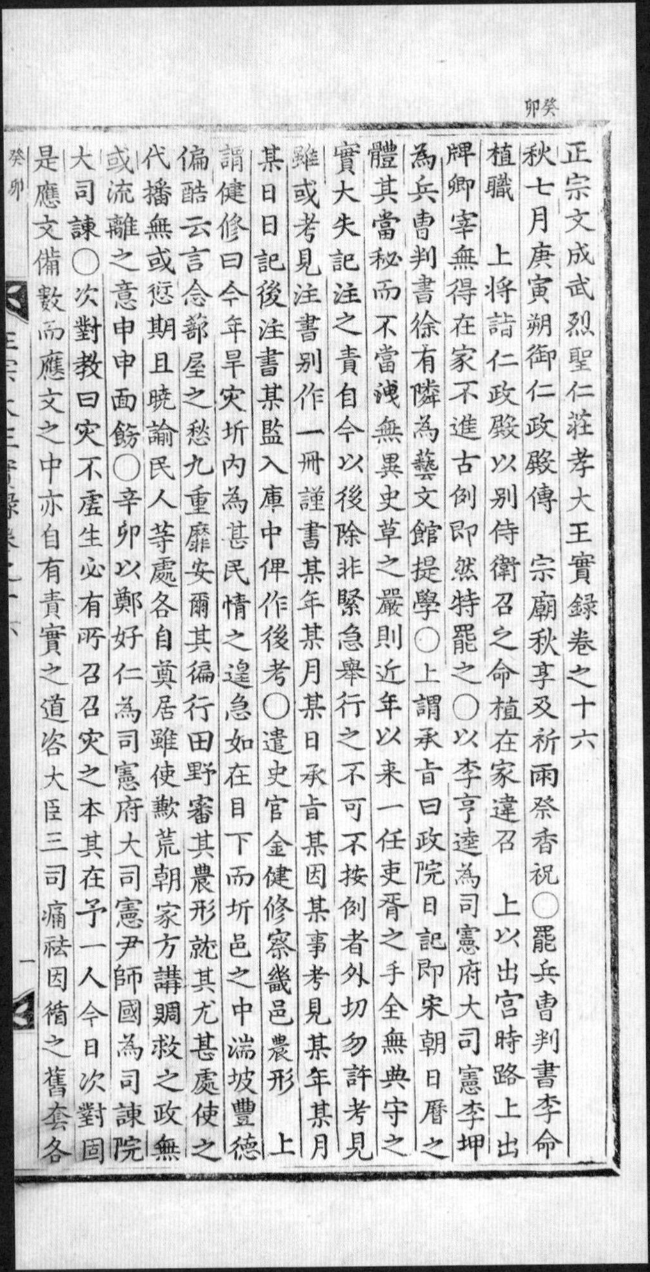

正宗文成武烈聖仁莊孝大王實錄卷之十六

秋七月庚寅朔仁政殿傳宗廟秋享及祈雨祭香祝○罷兵曹判書李命

植職上將詰仁政殿以別侍衛宗之命植在家達召上以出宮時路上出

畀卿宰無得在家不進古例即然特罷之○以李亨逵為司憲府大司憲李坤

為兵曹判書徐有隣為藝文館提學○上謂承旨曰政院日記即宋朝日曆之

體其當秘而不當洩無異史草之嚴則近年以來一任吏胥之手全無典守之

實大失記注之責自今以後除非緊急舉行之不可不按例考見其年某月

雖或考見注書別作一冊謹書某年某月某日承旨某因某事考見其年某月

某日日記後注書某監入庫中俾作後考○遣史官金健修簽謄邑農形上

諭健修曰今年旱災圻內爲甚民情之遑急如在目下而圻邑之中湍坡豐德

偏酷云言念都屋之愁九重靡安爾其編行田野審其農形就其尤甚處使之

代播或惩期且曉諭民人等處各自黽居雖使歉荒朝家方講賙救之政無

或流離之意申申面飭○辛卯以鄭好仁爲司憲府大司憲尹師國爲司諫院

大司諫○次對教曰災不虛生必有所召召災之本其在予一人今日次對回

是應文備數而應文之中亦自有責實之道咨大臣三司痛祛因循之舊套各

癸卯

正宗大王實錄卷之十六

그림 11 『승정원일기』의 잦은 열람이 문제가 된 경우, 『정조실록』, 서울대학교 규장
각한국학연구원 소장

위 기록을 볼 때,『조선왕조실록』의 경우 봉안, 폭포, 고출 등의 이유로 실록을 보관한 사고 문을 열고 실록을 꺼냈을 때의 상황과 날짜, 인명, 시책명 등을 기록한 상서성섬부 성격의 형지안形止案이 체계적으로 존재한 것에 반해,[29]『승정원일기』를 열람한 경우에는 제도적으로 점검 기록이 이루어지지 않았음을 짐작할 수 있다. 그만큼 전례 검토를 위한『승정원일기』의 열람이 수시로 이루어졌기 때문일 것이다. 전체적으로『승정원일기』는 조선에 정치 현안이나 전례의 검토에 있어서 오늘날 법전이나 판례와 같은 역할을 하면서 국정에 자주 참고되었다. 이것은 이 책의 기록이 지니는 가치를 당시 사람들도 충분히 인식하고 있었음을 보여 준다.

현재 조선 전기에 작성된『승정원일기』의 원형은 남아 있지 않다. 조선 전기『승정원일기』는 1592년(선조 25) 임진왜란으로 다른 국보급 자료와 함께 모두 소실되었다.『선조수정실록』의 기록에 의하면 "1592년 4월 1일, 도성의 궁궐에 불이 나 역대의 보물과 서적, 춘추관의 각 왕조실록, 사초,『승정원일기』가 모두 남김없이 타 버렸다"라고 기록하고 있다.[30] 이후에도『승정원일기』의 수난은 계속되어 1624년(인조 2), 이괄의 난으로 도성이 반군에 의해 함락되자 선조 대, 광해군 대의『승정원일기』가 소실되었으며, 이후에도 화재나 부주의로 인하여 상당수의『승정원일기』가 사라졌다. 또한 "근래에 환지還紙의 이익으로 인하여 지장紙匠의 남녀들이 혹은 『승정원일기』를 훔치기도 합니다"라는 기록에서도 나타나듯이[31] 관리 소홀로 일기 일부가 유실되는 경우도 있었음이 확인되고 있다.

『승정원일기』는 조선왕조가 건국된 후 매일 기록된 일기이므로 일기의 전량이 남아 있다면 6,400여 책에 달하는 방대한 분량이 될 것이다. 그러나 조선 전기에 기록된 『승정원일기』는 임진왜란이나 이괄의 난과 같은 병화와 정변 등으로 인하여 대부분 소실되었고, 그나마 인조 대 이후에 기록되어 편집된 책들의 경우에는 거의 전체가 남아 있다. 그러나 이후에도 1744년(영조 20)과 1888년(고종 25) 등 몇 차례에 걸쳐 화재를 만나 『승정원일기』의 일부 책들이 없어지는 경우가 있었다. 다행히도 그때마다 세자 시강원의 기록인 『춘방일기春坊日記』와 『조보朝報』를 비롯해, 주서를 지낸 사람의 기록인 『당후일기』와 지방에서까지 널리 수집한 각종 기록을 정리, 종합하여 빠진 부분을 채워나갈 수 있었다. 조선 후기 『승정원일기』의 수정과 보수 작업에 가장 힘을 기울인 국왕은 영조이다. 영조는 1735년(영조 11), 승지 김시형金始炯이 임진년 이후의 『승정원일기』를 수보할 것을 청하자 이를 옳게 여겼으며,[32] 1744년, 승정원에서 화재가 일어나 1592년부터 1722년(경종 2)까지, 130년간의 일기 1,796권이 모두 소실되자,[33] 1746년(영조 22) 5월, 일기청의 설치를 명하고 곧바로 『승정원일기』의 개수 작업에 들어가 다음 해에 『승정원일기』 548권의 개수를 완료하였다. 원래의 기록에 비해 내용이 3분의 1로 줄었지만, 기사마다 출처를 명시하고 권말에 기사를 쓴 사람과 교정에 참여한 사람의 실명을 기록하여 책임감과 사명감을 가지고 작업에 참여하도록 했다.

영조 대에 보였던 이러한 노력은 고종 대에도 계승되었다. 고종 대에는 1888년의 화재로 361권의 일기가 소실되자 이듬해에 일기청을 설치하고 개수 작업에 착수하여 그다음 해에 개수를 완료하였다. 이후에도 관리의 부주의 등으로 인하여 『승정원일기』는 몇 차례 유실되었지만, 그때마다 관련 기록을 근거로 하여 부족한 부분을 정리하여 완결된 상태로 만들어 나갔다. 이처럼 시대를 초월하여 개수 작업이 끊임없이 진행되었기에, 1623년부터 1894년, 승정원이 폐지될 때까지 총 3,045책의 『승정원일기』가 결본이 없이 남게 되었고, 이를 계승한 『비서원일기秘書院日記』 등을 포함하면 조선시대 비서실의 일기 총 3,243책은 오늘날까지 그 원본이 전해 오고 있는 것이다.

승정원의 개편과 일기 제목의 변화

　1870년대 이후 구미 열강 및 일본과 통상조약을 체결하고 신문화를 흡수한 1894년, 조선은 정치, 경제, 사회, 문화의 모든 분야에서 근대사회로의 전환기를 맞게 되었다. 1894년에 단행된 갑오경장甲午更張은 의정부와 육조를 중심으로 한 종래의 행정조직에 근본적인 변화를 가져왔다. 근대 일본의 내각제를 모방하여 궁내부, 의정부의 이부와 내무·외무 등 팔아문을 설치하

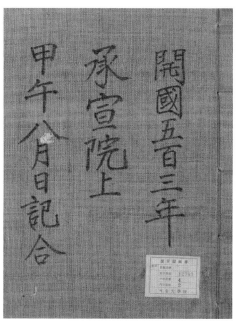

고 관제를 대폭 개정하였다. 이때 승정원은 궁내부에 부속되어 승선원으로 개칭되었으며, 도승선, 좌승선, 우승선, 좌부승선, 우부승선 과 1명과 기주관記注官, 기사관記事官, 주사主事 가 2명을 두어 왕명의 출납과 일기 기록의 임무를 맡게 하였다. 『승정원일기』의 명칭 또한 『승선원일기』로 바뀌었다. 1894년 10월에는 승선원을 폐지하고 궁내부 대신이 왕명의 출납을 대신하면서 『궁내부일기』가 작성되었고, 1895년(고종 32) 4월, 궁내부에 비서감을 설치하면서 다시 『비서감일기』로 명칭이 바뀌었다. 1895년 11월에는 비서감을 비서원으로 개칭하면서 『비서원일기』가 나타났다가, 1905년, 비서원을 다시 비서감으로 개칭하면서, 『비서감일기』로 환원되었다. 그러나 1907년, 궁내부 관제가 대폭 축소되어 비서감이 폐지되고, 비서감의 기록 기능을 규장각에서 담당하면서는 『규장각일기』가 작성되었다.

1894년 이후 이처럼 다양한 명칭의 『승정원일기』가 나타나는 것은 근대사 이후 왕실 비서실 기능의 거듭되는 변화와도 궤도를 같이한다. 국왕을 정점으로 하는 정상적인 왕권 행사가 큰 제약을 받았고 이것이 비서실인 승정원의 기능에도 그대로 적용되었음을 보여 주는 것이다. 그러나 한편으로 『승정원일기』를 계승한 이러한 자료들은 『고종실록』과 『순종실록』이 일제의 의도에 따라 편찬되면서 『조선왕조실록』의 정통성을 상실하고 기록이 소략한 실정에서 19세기 후반 이후 국가의 공식 기록으로서 그 부족분을 상당히 메울 수 있다고 여겨진다.

　『승정원일기』의 다양한 명칭은 결국, 격동의 시기를 겪으면서 여러 차례 관제 변화를 겪은 근대사의 모습이『승정원일기』의 제목에도 압축적으로 반영되었음을 보여 준다. 그러나 역사의 격동 속에서도 조선시대 승정원의 기록은 그대로 이어져,『승정원일기』는 총 3,243책의 모습으로 우리에게 남아 있다.『조선왕조실록』이 조선의 역대 왕의 기록이 단절됨 없이 꾸준히 정리된 기록이라는 점에서 세계적인 가치를 지닌 것처럼,『승정원일기』또한 인조 대 이후에 한정되기는 하나, 288년간의

지정일	지정번호	도서명	책 수
		『승정원일기(承政院日記)』	3,045책
		『승선원일기(承宣院日記)』	4책
		『궁내부일기(宮內府日記)』	5책
1999. 4. 9.	국보 제303호	『전비서감일기(前秘書監日記)』	8책
		『비서원일기(秘書院日記)』	115책
		『후비서감일기(後秘書監日記)』	33책
		『규장각일기(奎章閣日記)』	33책
		계	3,243책

표1 『승정원일기』의 국보 지정 내역

역사 기록이 단절됨 없이 기록되어 있다. 그리고 이를 가장 방대한 분량으로 정리하고 있다는 점은 전통시대 기록문화의 우수성을 한층 돋보이게 한다.

현존하는 당후일기

승정원의 주서가 편찬한 당후일기는 실록 편찬의 사초史草로 활용되었다는 점에서 그 사료적 가치가 크다. 당시 승정원 주서가 궁궐 내에서 거처하던 방을 당후라고 불렀기 때문에 '당후일기'라 불린다. 원칙적으로 주서의 당후일기는 실록 편찬의 저본으로 활용한 후에 세초洗草하는 것이 원칙이었으나, 문중에서 전해지는 방식으로 현재까지 전해지는 당후일기들이 있다.

1996년, 국사편찬위원회에서는 현존하는 당후일기 중 김종직金宗直의 『필재당후일기筆齋堂后日記』, 허모許某의 『경오춘하강원도기사책庚午春夏江原道記事冊』, 지덕해池德海의 『공조겸춘추일기工曹兼春秋日記』, 도신수都愼修의 『겸춘추일기兼春秋日記』, 이모李某의 『겸춘추기兼春秋記』, 김용金涌의 『당후일기초본堂后日記草本』, 이상정李象靖의 『당후일기堂后日記』, 이유李瀏의 『춘추관일기春秋館日記』 등을 한국사료총서 『조선시대사초朝鮮時代史草』 II에 수록하였

서명	작성자	내용 및 기록 시기
『필재당후일기』	김종직	1482년(성종 13) 11월 1일부터 동년 12월 25일까지
「한원일기」		1508년(중종 3) 1월 5일부터 이듬해 9월 14일까지
「당후일기」	권벌	1510년(중종 5) 3월 1일부터 동년 동월 30일까지
「승선시일기」		1518년(중종 13) 5월 15일부터 동년 11월 6일까지
「신창령추단일기」		종친 신창령 이흔의 역모 사건을 추단한 기록(1509년 10월 28일 작성)
「당후일기」	공서린	『휴암실기』에 수록
『퇴계사전초』	이황, 김성일	고군진계 6조, 심통성정에 대한 문답
『당후일기초본』	김용	1615년(광해 7) 윤8월 초6일부터 이듬해 6월 18일까지
『주서일기』	이도장	1630년(인조 8), 1636년(인조 14)부터 1637년(인조 15)까지
『당후일록』	권두기	1700년(숙종 26) 11월부터 이듬해 2월까지
「당후일기」	이상정	1735년(영조 11) 윤4월 23일
「계방강연일기」	이운영	1764년(영조 40) 10월 21일부터 1775년(영조 51)까지(규장각 해제)
「당후일기」		1766년(영조 42) 3월 4일 강연일기
「당후일기」	류이좌	1799년(정조 23) 5월 17일
「당후일기」	이진철	『쌍계문집』에 수록
「당후일기」	강원형	1893년(고종 30) 2월 22일부터 동년 동월 27일까지

표 2 현존하는 당후일기의 목록

다.[34] 이 사초들은 국사편찬위원회의 한국사데이터베이스를 통해서도 제공되고 있다.

김종직의 『필재당후일기』

　『필재당후일기』는 조선 전기 사림파의 영수로 추앙을 받은 점필재佔畢齋 김종직(1431-1492)이 주서로 있으면서 쓴 기록이다. 500년간 경상북도 고령군 쌍림면 합가리의 선산 김씨善山金氏 종

택에서 소장하고 있었으며, 현재 대가야박물관에 보관되어 있다. 다른 김종직의 문적 유품들과 함께 1985년, 경상북도 유형문화재 제209호로 지정되었다. 이 기록은 1482년 11월 1일부터 같은 해 12월 25일까지 기록으로, 김종직의 연보에 따르면 그는 1482년 4월, 춘추관 기주관으로 임명된 것으로 보이는데, 이에 따르면 이 기록은 김종직이 기주관의 신분으로 기록한 것으로 보인다.

권벌의 「당후일기」

「당후일기堂后日記」는 조선 중종 때의 문신인 충재冲齋 권벌權橃(1478-1548)이 주서로 있으면서 쓴 친필 일기이다. 권벌의 종가가 있는 경상북도 봉화군 닭실마을의 후손이 소장하고 있다. 권벌의 일기인 『충재일기冲齋日記』에 포함되어 있고, 『충재일기』는 현재 대한민국 보물 제261호이다. 『충재일기』는 「한원일기翰苑日記」 2책, 「당후일기」 1책, 「승선시일기承宣時日記」 2책, 「신창령추단일기新昌令推斷日記」 1책으로 구성되어 있다.

권벌은 문과에 급제하던 해에 한림 벼슬이었던 정9품 예문관藝文館 검열檢閱에 제수되었다가 이듬해 봄, 정8품 대교待敎로 승진했고, 이 기간 사관직을 수행하면서 기록한 사초가 「한원일기」이다. 그리고 「당후일기」는 권벌이 한림 벼슬인 대교에서 정7품 승정원 주서로 옮긴 후, 당후관의 직책을 수행하면서 사관으로 활동하던 시기에 작성한 사초이다. 다음으로 「승선시일기」는 그가 승정원 승지로 발탁되어 겸사관兼史官으로 활동하던 중 1518년(중종 13) 5월 15일부터 11월 6일까지 기록한 사초로, 역시 승지직에 있으면서 쓴 일기이다. 권벌의 일기는 당시 실록 내용과 글자까지 일치하는 부분이 매우 많아, 실록을 편찬하는 데 사초가 기본적인 자료였음을 입증하고 있다. 또한, 실록에 누락되어 있는 부분도 일기에 수록되어 있어서, 실록을 보완해 주는 자료로서의 가치가 있다.

공서린의 「당후일기」

「당후일기堂後日記」는 조선 중기 문신 공서린孔瑞麟(1483-1541)이 중종 대에 저술한 일기류 사초이다. 공서린은 1507년(중종 2) 생원이 되고, 그해 식년문과式年文科에 갑과甲科로 급제하였다. 이어 1509년(중종 4)에 좌랑, 1511년(중종 6)에는 사간원정언司諫院正言을 거쳐 홍문관수찬弘文館修撰, 사헌부지평司憲府持平을 역임하였다. 1516년(중종 11), 장령掌令으로 경연經筵에 참석하여 노산군魯山君과 연산군의 입후문제立後問題를 제기하였고, 이듬해 시

강관侍講官으로 경연에 참석하여 언로言路의 확장을 주장하였다. 1518년, 『성리대전性理大全』을 강독할 능력이 있는 인물로 선발되었고, 승지가 대간을 논박하였다는 사헌부의 탄핵을 받아 물러났다. 1519년(중종 14)에 좌승지로 다시 서용되었으나, 기묘사화己卯士禍로 조광조趙光祖 등 사림파 인물과 함께 투옥되었다가

곧 풀려났다. 「당후일기」는 공서린의 문집인 『휴암실기休巖室記』 제4권에 「시사상언諡事上言」·「사개관賜改貫」·「명신록名臣錄」·「기묘곡보유己卯錄補遺」·「복세覆啓」·「승시贈諡」·「계啓」·「통문通文」 등과 함께 그 전문이 수록되어 있다.

이황과 김성일의 『당후일기』

이황과 김성일의 『당후일기堂后日記』는 『퇴계사전초退溪史傳草』라고도 부른다. 1571년(선조 4), 퇴계의 부음을 들은 제자 학봉鶴峯 김성일金誠一(1538-1593)이 1540-1550년대에 퇴계 이황이 저술한 『당후일기』에 있는 내용을 모두 뽑아 연보로서 기록한 것이다.

퇴계가 중종에게 올린 고군진계告君陣誡 6조에 관한 내용, 명종과의 경연에서 심통성정心統性情에 대하여 문답한 내용 등이 수록되어 있다. 광해군 대까지의 『승정원일기』가 소실되었기 때문에 실록을 보완할 수 있다는 점에서 사료로서의 가치가 크다. 『퇴계선생언행록退溪先生言行錄』, 『학봉집鶴峰集』 등에 수록되어 있는데, 『학봉집』에는 「학봉김문충공사료초존鶴峯金文忠公史料鈔存」이라는 명칭으로 수록되어 있다. 원본은 현재 김성일 종가 전적金誠一宗家典籍이라는 이름으로 대한민국 보물 제905호로 지정되어 있다.

김용의『당후일기초본』

『당후일기초본』은 김용(1557-1620)이 1615년(광해 7) 윤8월부
터 1616년(광해 8) 6월까지 약 10개월간 기록한 『당후일기』의 초
본이다. 현재 국사편찬위원회에 소장되어 있다. 김용은 의성
김씨로, 학봉 김성일의 조카이자, 이황의 외손녀사위였다. 그는
임진왜란이 일어나자 고향인 안동에서 의병장으로도 활약했
고, 여러 관직을 두루 거치는 동안 춘추관春秋館의 편사관編史官
을 겸하면서『선조실록』을 편찬하는 데 참여하기도 했다. 이 기
록은 1615년 윤8월 초6일부터 1616년 6월 18일까지 광해군 대
의 경연 내용을 기록한 것으로, 1차 사료로서 중요한 가치를 가
진다. 원래는 천天·지地·인人의 3책으로 이루어져 내려오던 것
을 일제강점기 때 새로 제본한 것이다.

이도장의『주서일기』

『주서일기注書日記』는 이도장李道長(1603-1664)이 승정원의 가
주서 및 주서로 재임할 때 쓴 일기이다. 이도장은 광주廣州 이

씨로, 부친은 정구鄭逑, 장현광張顯光 등 영남학파의 학문을 계승한 이윤우李潤雨이다. 부친 이윤우도 사관을 지냈으며, 이도장의 후손인 이원정李元禎, 이담명李聃命, 이한명李漢命까지 직계에 다섯 명의 사관을 배출한 집안이기도 했다. 일기의 작성 시기는 1630년(인조 8)과 1636년(인조 14)에서 1637년(인조 15)까지이다. 이도장은 1630년에 승정원 가주서를, 1636년에는 승정원 주서를 지냈다. 1744년의 화재로 인하여, 1623년부터 1721년(경종 1)까지를 기록한 『승정원일기』가 소실되어, 영조 대에 다시 작성하게 되는 점을 고려하면, 인조 당대의 기록인 이도장의 『주서일기』가 차지하는 1차 사료로서의 가치는 매우 크다고 할 수 있다. 이도장의 『주서일기』에 대해 광주 이씨 일가에서는 수차례 걸친 정리 작업을 진행했다. 그 결과 초기 정서본에 해당하는 자료는 현재 대구 가톨릭대학교에 소장되어 있으며, 이를 바탕으로 한 소위 '이도장본'의 원소장처는 경북 칠곡 광주 이씨 해은고택海隱古宅이다. 해은고택 소장본은 현재 한국학중앙연구원에 기탁 보관 중이다. 한국학중앙연구원에서는 이 기탁본을 영인하여 수록하고, 정수환의 해제를 앞에 실은 『이도장의 승정원일기』를 '한국학자료총서 43'으로 출간하였다. 이도장은 『주서일기』에서 일기와 실록, 『승정원일기』를 비교하고 있어, 『주서일기』가 실록이나 승정원일기에 어떻게 반영되는지를 살펴보는 데도 큰 도움이 된다.

권두기의 『당후일록』

『당후일록堂后日錄』은 숙종 대 관리인 권두기權斗紀(1659-1722)
가 1700년(숙종 26) 11월부터 1701년(숙종 27) 2월까지 약 3개월간
을 기록한 것으로, 현재 국사편찬위원회에 소장되어 있다. 건
乾·곤坤의 2책으로 이루어져 있으며, 구한말에 유창식柳昌植, 유
일우柳馹佑, 김진의金鎭懿, 김도화金道和 등과 함께 안동의진安東義
陣을 일으켜 일본군과 교전하였던 후손 권철연權徹淵이 소장하
고 있던 것을, 일제강점기에 조선사편수회가 새로이 등사한 것
이다. 권두기의 『당후일록』은 영조 대의 일기청 자료 수집 목록
에 들어가지 않았다. 따라서 권두기의 『당후일록』에 수록된 내
용 대부분은 실록과 『승정원일기』에는 없는 기록들이기 때문에
숙종 대의 실록을 보완해 줄 수 있는 자료로서 그 사료적 가치
가 높다.

이상정의 『당후일기』

이 『당후일기』는 조선 영조 대의 문신이자 학자인 이상정

(1710-1781)이 1735년 윤4월 23일에 작성한 것이다. 이상정은 경북 안동 출신이며 본관은 한산韓山이다. 아버지는 이태화李泰和이며, 어머니는 재령 이씨載寧李氏로 이현일李玄逸의 손녀이자 이재李栽의 딸이다. 그는 18세기 영남학파를 대표하는 학자로서, 1735년, 사마시와 대과에 급제하여 가주서가 되었으나, 곧 사직하고 학문에 전념하였다. 『당후일기』는 이상정이 가주서로 짧은 관직 생활을 하던 기간에 작성한 것으로 보인다. 정조가 왕위에 오른 뒤, 그는 병조참지兵曹參知, 예조참의 등에 임명되었으나 부임하지 않았다.

이운영의 「당후일기」

이운영李運永(1722-1794)의 「당후일기堂后日記」는 조선 영조 대의 문신인 이운영이 1766년(영조 42)에 저술한 것이다. 이운영의 본관은 한산, 자는 건지健之, 호는 옥국재玉局齋이다. 아버지는 생원 이기중李箕重이며, 판서 이태중李台重의 조카이다. 그는 1759년(영조 35), 사마시에 합격해 진사가 되었으며, 이듬해에 세마洗馬가 되었고, 부수副率를 거쳐 정조가 즉위하자 형조정랑에 부임하였다.

이 「당후일기」는 이운영이 평생 쓴 글들을 모아 놓은 문집인

『옥국재유고玉局齋遺稿』 10권에 전문이 수록되어 있다. 『옥국재유고』에 실린 일기류 작품은 「계방강연일기桂坊講筵日記」와 「당후일기」 2종이 있는데, 「계방강연일기」는 1764년(영조 40) 10월 21일부터 서연에서 경전을 강의하면서 경험한 정치 및 학문에 관한 크고 작은 사건들을 모아 기록한 것이고, 「당후일기」는 1766년 3월 4일 경연에서 강의한 내용과 왕과 대신들의 대화 등을 담고 있다.

류이좌의 「당후일기」

류이좌柳台佐(1763-1837)의 「당후일기堂后日記」는 조선 정조 대의 문신인 류이좌가 1799년에 저술한 것이다. 류이좌의 본관은 풍산이며, 서애西厓 류성룡柳成龍의 후손이다. 경상북도 안동시 하회마을의 풍산 류씨 집안인 화경당和敬堂, 일명 북촌택北村宅에서 소장하고 있던 자료로, 류이좌가 주서로 재직했던 1799년 5월 17일의 정사를 기록한 「당후일기」의 원본이다. 2004년에 한국국학진흥원에 기탁되었다.

이진철의「당후일기」

이진철李晉哲(1591-1664)의 「당후일기堂后日記」는 조선 후기의 문신인 이진철이 순조 대에 저술한 것으로, 그의 문집인『쌍계문집雙溪文集』4권에 전문이 수록되어 있다. 『쌍계문집』에는 이진철이 조정에서 근무할 당시 보고 들은 것을 기록해 후일의 참고가 되게 한「일사逸事」와 승문원과 성균관에서 일어난 사건들을 기록한「당후일기」2종 등이 수록되어 있다.

강원형의「당후일기」

강원형姜遠馨(1862-1914)의「당후일기堂後日記」는 조선 말기의 문신이자 독립운동가인 강원형이 1893년(고종 30)에 저술한 것으로, 강원형의 문집인『혜사문집蕙社文集』2권에 전문이 수록되어 있다. 강원형이 승정원 가주서로 있을 때인 1893년 2월 22일에서 27일까지의 기록이다.

앞에서 현존하는 당후일기들을 살펴보았지만, 당후일기가 사초의 형태로 남아 있는 경우는 극히 한정되며, 대부분은 개인의 문집에 수록되어 전해지고 있다. 이는 당후일기 담당자가 주서로 있으면서 작성한 초본을 세초하지 않았거나, 세초를 한 경우에도 그대로 그 문건을 남겼기 때문에 가능했던 것으로 보인다. 이러한 사례에서 『승정원일기』의 원본이 되는 당후일기의 세초는 실록의 세초와는 달리 엄격히 지켜지지 않았음을 확인할 수가 있다. 또한, 주서로 재임한 기간 전체의 일기보다는 일정한 시기에 작성한 일부의 일기가 현재까지 전해짐을 볼 수가 있다.

4

『승정원일기』에는
어떤 내용이
기록되어 있을까?

『승정원일기』에는 정치사, 생활사에 관한 풍부하고도 다양한 내용이 기록되어 있다. 기본적으로 『승정원일기』는 실록 편찬에 있어서 1차 사료로 활용되었기에 내용 자체가 풍부하다. 특히 같은 날짜의 실록과 『승정원일기』의 내용을 비교하면, 실록에서는 미처 파악하지 못한 상세한 내용이 다수 나와서 더욱 생생하게 당시 현장을 느낄 수 있다.

실록보다 훨씬 풍부한 내용을 담다

　『승정원일기』는 무엇보다 매일의 기록이라는 점에서 가장 큰 의미가 있다. 하루도 빠짐없이 쓰였기 때문에 하루의 정치, 한 달의 정치, 일 년의 정치의 흐름을 그대로 이해할 수가 있다. 또한 국왕의 동정을 비롯하여 정치의 주요 현안이 되는 자료나 중앙이나 지방에서 올린 상소문의 원문을 거의 그대로 수록하여 무엇보다 1차 사료로서의 가치를 돋보이게 한다. 그리고 왕실 주변의 정황이 중심이 되는 만큼 국왕의 건강이나 심리 상태에 대한 기록이 자세하고, 국왕이 정무를 보던 장소와 시간대별로 국왕의 이동 상황 등을 꼭 기록하여 국왕의 동선 파악이 용이하다.

특히 국왕이 주체가 된 행사는 『조선왕조실록』 등 여타 자료와 비교하면, 보다 세밀히 기록하고 있음이 눈에 띈다. 같은 사안에 대하여 『조선왕조실록』과 『승정원일기』의 기록 분량을 비교해 보자. 『숙종실록』의 숙종 26년(1700) 7월 25일의 기록에는 좌의정 이세백李世白 등이 평안도 지역에 학문 진흥의 분위기가 일어나 선비들이 학문을 전수할 곳을 구하느라 문신 수령을 원하는 경우가 많은 상황과 평안도 형세를 숙종에게 보고하고 왕이 이를 수용한 내용이 나온다. 『숙종실록』에는 이 대목이 약 10행(1행은 30자)에 걸쳐 나오는데, 『승정원일기』의 같은 날 기록에 의하면 이 내용은 4면(1면은 30행, 1행은 27자) 21행에 걸쳐 있다. 『숙종실록』에서는 이세백이 건의한 핵심내용과 결과만을 기술한 반면,『승정원일기』에는 왕과 이세백이 대화하는 내용을 모조리 기록하고 있음이 나타난다.[35] 국왕의 의견이나 지시인 '상왈上曰'과, 이세백의 말인 '이세백왈李世白曰'이 뇌풀이되면시 이세백의 건의 내용이 구체적으로 나타난다. 결국, 이세백이 민폐를 제거함에도 문신 수령이 무신 수령보다 훨씬 적극적일 것이라는 등의 이유를 들자, 왕이 정주定州, 가산嘉山, 박천博川 등지에의 문관 수령 파견을 허락하는 과정을 볼 수 있다. 이처럼『승정원일기』의 기록을 통하여 실록에 얻어진 결론이 나오기까지의 구체적인 논의 과정을 살펴볼 수 있다.

또『영조실록』의 영조 15년(1739) 5월 30일에는 "덕적도德積島에 군사 시설을 두는 문제를 두고 강화유수가 지도를 작성해 올려서 보냈다"라는 기록이 나오지만, 지도 작성자에 대해서는 전혀 언급이 없다. 그런데 같은 날『승정원일기』의 기록을 보면 지도의 작성자가 강화유수의 군관인 심동상沈東尙과 경기수사의 군관인 이세황李世煌이었음이 나타난다.[36]『승정원일기』를 통하여『조선왕조실록』에는 언급이 없었던 하급 관리가 새롭게 찾아진 것이다.

1743년(영조 19) 윤4월 7일, 성균관에서는 국왕이 주최하는 대사례大射禮가 행해졌다.『영조실록』에는 대사례 의식의 구체적인 경과와 함께『오례의』와『대명회전』등에서 대사례의절大

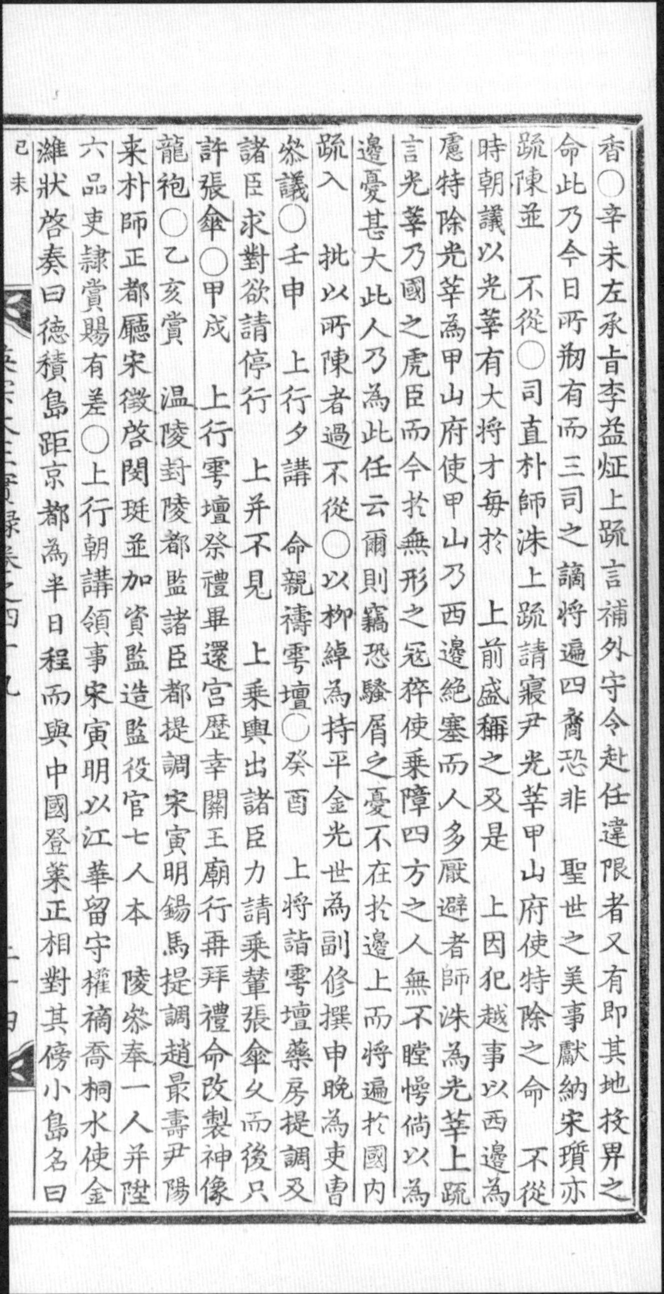
香○辛未左承旨李益炡上疏言補外守令赴任違限者又有即其地投畀之命此乃今日所刱有而三司之論將遍四裔恐非 聖世之美事獻納宋瓆亦疏陳並 不從○司直朴師洙上疏請寢尹光莘甲山府使特除之命 不從時朝議以光莘有大將才每於 上前盛稱之及是 上因犯越事以西邊為慮特除光莘為甲山府使甲山乃西邊絶塞而人多厭避者師洙為光莘上疏言光莘乃國之虎臣而今於無形之冦猝使乘障四方之人無不瞠愕倘以為邊憂甚大此人乃為此任云爾則竊恐騷屑之憂不在於邊上而將遍於國內疏入 批以所陳者過不從○以柳綽為持平金光世為副修撰申晚為吏曹參議○壬申 上行夕講 命親禱雩壇○癸酉 上將詣雩壇藥房提調及諸臣求對欲請停行 上并不見 上乘輿出諸臣力請乘輦張傘久而後只許張傘○甲戌 上行雩壇祭禮畢還宮歷幸關王廟行再拜禮命改製神像龍袍○乙亥賞 溫陵封陵都監諸臣都提調宋寅明錫馬提調趙最壽尹陽來朴師正都廳宋徵啓閔珽並加資監造監役官七人本 陵參奉一人并陞六品吏隷賞賜有差○上行朝講領事宋寅明以江華留守權穚喬桐水使金灘狀啓奏曰德積島距京都為半日程而與中國登萊正相對其傍小島名曰

己未

英宗大王實錄卷之四十九

그림 15 『영조실록』 권49, 영조 15년 5월 30일, 서울대학교 규장각한국학연구원 소장

射禮儀節을 참고한 내용을 기록한 데 비하여,[37] 『승정원일기』에서는 당일의 의식에 관한 기록보다는 오히려 전날인 4월 6일에 훈련도감 등 각 부처에서 왕의 경호를 위한 군사 징발 등에 관해 보고한 내용이 주류를 이루고 있다.[38] 『승정원일기』에는 주요한 의식에 앞서 이를 준비, 점검하는 보고와 대책이 중심이 된 것이다.

그러나 『승정원일기』가 실록과 비교했을 때 모든 정보에 있어서 자세하지는 않다. 아무래도 국왕을 보좌하는 비서실에서 보고된 내용을 중점적으로 다루었기 때문에 왕이 주체가 되지 아니했던 의식이나 지방에서 일어난 사건 기록에 대해서는 실록보다 간략히 취급된 사례도 있다. 예를 들어 1817년(순조 17) 3월 11일에 행해진 왕세자(효명세자) 입학식 행사에 대해 『순조실록』에서는 매우 자세하게 이 의식의 절차와 과정을 기록하고 있지만 『승정원일기』에서는 담당자에게 받은 업무 보고와 국왕의 지시 사항만을 간략히 기록하고 있다. 또한 지진과 같이 전국에서 발생한 천재지변에 관한 사항 등은 각 관청의 기록을 후대에 종합적으로 정리한 『조선왕조실록』의 기록이 훨씬 자세하다.[39] 이 외에 실록은 오늘날 신문의 사설이나 논평처럼 후대 사관들의 견해도 함께 제시하여 사건에 대한 '해설' 정보를 얻을 수도 있다. 특히 실록의 사론史論 부분은 객관적인 사실의 정리에 치중한 『승정원일기』와 대비되는 부분이다. 따라서 『승정원일기』는 『조선왕조실록』과 서로 보완하여 이용될 때 보다 자료적 가치가 커진다. 이 외에 정조 대 이후 국왕의 일기 형식으로 국정 전반을 서술한 기록인 『일성록』도 『승정원일기』를 보충해 줄 수 있는 자료로 손꼽힌다.

『승정원일기』는 비서실의 기록인 만큼, 왕이 신하들과 독대한 기록은 특히 자세하며, 왕의 표정 하나 감정 하나까지도 상세히 표현된 경우가 자주 나타난다. 역대 국왕들 스스로가 자신의 병세에 대해 신하들에게 이야기하고 약방이나 의인들에게 자문을 구한 사실과 국왕의 기분과 병세 및 나아가 왕실의 건강 상태에 대해서도『승정원일기』는 많은 분량을 할애하고 있다. 국왕의 언행, 기분 하나하나까지도 놓치지 않으려 했던 철저한

그림 17 『일성록』, 서울대학교 규장각한국학연구원 소장

기록 정신이야말로 세계적으로도 가장 방대한 분량의 기록물 『승정원일기』를 탄생하게 한 근본요인으로 해석된다.

이순신 장군이 남긴 마지막 말씀

『승정원일기』에는 흥미로운 사례들이 다양하게 기록되어 있다. 1598년(선조 31) 11월 19일, 이순신李舜臣 장군이 노량해전에서 전사하기 직전 남긴 유명한 말씀, "나의 죽음을 알리지 말라"는 한국인 누구에게나 극적인 감동으로 다가오는 말이다. 그럼 이 말씀의 출처는 어디에서 나왔을까? 바로 『승정원일기』이다. 1631년(인조 9) 4월 5일, 인조가 이원익李元翼을 소견한 자리에서 다음과 같은 대화를 주고받았음이 나타난다.

임금이 이르기를, "전조가 병력이 강성하여 적을 토벌하는 것은 어렵지 않았지만, 내란이 연달아 일어났으니 참으로 경이 우려했던 것과 같다" 하였다. 이원익이 아뢰기를, "소신의 소견으로는, 고故 통제사統制使 이순신 같은 이는 쉽게 얻을 수 없습니다. 요즘에는 이순신과 같은 자를 보지 못하였습니다" 하였다. 임금이 이르기를, "왜란 당시에 이순신 하나밖에는 인물이 없었다" 하니, 이원익이 아뢰기를, "이순신의 아들 이예李薿가 현새 충훈부도사도 있는데 그도 잘기 어려운 사람입니다. 왜란 때에 이순신이 곧 죽게 되자 이예가 붙들어 안고서 흐느꼈는데, **이순신이 '적과 대적하고 있으니 삼가 발상發喪하지 말라'고 하였습니다.** 이에 이예는 일부러 발상하지 않고 아무 일도 없었던 듯이 전투를 독려하였습니다" 하였다.

　　　　—『승정원일기』 32책(탈초본 2책), 인조 9년(1631) 4월 5일

이어서 인조는 인재 천거에 깊은 관심을 가지고 대화를 이어 갔다.

"옛 대신들은 필히 인재를 얻어 천거하였다. 경도 쓸 만한 인재를 천거하겠는가?" 하니, 이원익이 아뢰기를, "이순신 같은 사람이 있다면 천거할 수 있겠지만 신은 병으로 몇 해 동안 칩거하여 사람들과 접하는 일이 드무니, 어찌 누가 쓸 만한지를 알아서 천거하겠습니까. **선묘조宣廟朝에 신은 이순신의 훌륭함을 알았기 때문에 그를 천거하였는데 통제사로 등용되었습니다.** 그런데

그림 18 『승정원일기』 32책(탈초본 2책), 인조 9년 4월 5일 무신, 서울대학교 규장각한국학연구원 소장

그림 19 남해 관음포 이충무공 전몰 유허 이락사문, 문화재청 국가문화유산포털에서 전재

비국備局에서 다시 원균元均을 천거하여 통제사로 의망擬望하자, 신이 치계馳啓하여 이순신을 체차하고 원균으로 내신하면 틀림없이 일이 길못 될 것이리고 하였습니다. 그렇게 재삼 아뢰었으나 비국에서는 끝내 이순신을 체차하였습니다. 원균이 패배한 뒤에 다시 이순신으로 하여금 대신 군대를 이끌게 하였으나 대세가 이미 기울어 결국 패하고 말았으니, 지금까지도 이 일을 생각하면 울분을 가눌 수가 없습니다" 하였다.

　　　　—『승정원일기』 32책(탈초본 2책), 인조 9년(1631) 4월 5일

　위의 기록에서 이원익이 선조 대에 이순신을 천거한 사실과 더불어, 원균을 삼도수군통제사로 천거한 부분에 대해서는 울분을 가눌 수 없다고 하였음이 나타난다. 인조와 이원익의 대화가 『승정원일기』에 정리되는 과정에서, 이순신 장군의 마지막 말이 기록되었고, 이후에도 계속 이어지면서, 지금까지도 우리에게 큰 울림을 주고 있다.

생생하게 전해지는 삼전도 굴욕의 현장

　1637년 1월 30일 아침, 남한산성에서의 주화파와 척화파의
격론 끝에 인조는 항복을 주장하는 주화파들의 주장을 받아들
여 남한산성을 내려왔다. 청나라 장수 용골대龍骨大와 마부대馬

그림 20 삼전도비, 송파구청 홈페이
지에서 전재

夫大는 인조가 빨리 성 밖으로 나올 것을 재촉했다. 왕의 복장 대신에 융복戎服 차림으로 서문을 빠져나온 인조는 참담하고도 비통한 죄성이 얼굴에 가득한 채로 수항단受降壇(항복을 받아들이는 단)이 마련된 삼전도三田渡(현재의 잠실 석촌호수 부근)로 향했다. 그곳에는 청 태종이 거만한 자세로 앉아 있었고 곧이어 치욕적인 항복 의식이 행해졌다. 인조는 세자와 대신들이 지켜보는 가운데 청나라 군사의 호령에 따라 '삼배구고두三拜九叩頭(세 번 절하고 머리를 아홉 번 조아림)'의 항복 의식을 마쳤다. 청나라와 군신관계가 맺어지고, 명의 연호 대신에 청의 연호를 사용할 것, 세자와 왕자를 청나라에 인질로 보낼 것 등 굴욕적인 협상을 맺었는데, 이를 정축화약丁丑和約이라 한다.

『인조실록』에는 당시의 굴욕적인 장면이 비교적 담담하게 기록이 되어 있다.

용골대와 마부대가 성 밖에 와서 임금의 출성出城을 재촉하였다. 임금이 남염의藍染衣 차림으로 백마를 타고 의장儀仗은 모두 제거한 채 시종 50여 명을 거느리고 서문西門을 통해 성을 나갔는데, 왕세자가 따랐다. 백관으로 뒤처진 자는 서문 안에 서서 가슴을 치고 뛰면서 통곡하였다. … 임금이 단지 삼공 및 판서·승지 각 5인,

한림·주서 각 1인을 거느렸으며, 세자는 시강원侍講院·
익위사翊衛司의 제관諸官을 거느리고 삼전도에 따라 나
아갔다. 멀리 바라보니 한汗(청 태종)이 황옥黃屋을 펼치
고 앉아 있고 갑옷과 투구 차림에 활과 칼을 휴대한 자
가 방진方陣을 치고 좌우에 옹립擁立하였으며, 악기를
진열하여 연주했는데, 대략 중국 제도를 모방한 것이
었다. 임금이 걸어서 진陣 앞에 이르고, 용골대 등이 임
금을 진문陣門 동쪽에 머물게 하였다. 용골대가 들어가
보고하고 나와 한의 말을 전하기를, "지난날의 일을 말
하려 하면 길다. 이제 용단을 내려왔으니 매우 다행스
럽고 기쁘다" 하자, 임금이 대답하기를, "천은天恩이 망
극합니다" 하였다. 용골대 등이 인도하여 들어가 단壇
아래에 북쪽을 향해 자리를 마련하고 임금에게 자리로
나가기를 청하였는데, 청나라 사람을 시켜 여창臚唱하
게 하였다. 임금이 세 번 절하고 아홉 번 머리를 조아리
는 예를 행하였다.

— 『인조실록』 권34, 인조 15년(1637) 1월 30일

당시의 치욕적인 상황을 『승정원일기』는 어떻게 기록하고
있을까? 일단은 훨씬 많은 내용을 담고 있다. 『승정원일기』의

인조 15년 1월 30일 기록을 따라가 보면, 먼저 "청인淸人이 성을 나갈 때 시위하는 사람을 500명을 넘지 말라고 하였기 때문에 임금이 시종 50여 명반을 서느리고 진시에 서문을 통해 성을 나갔는데, 왕세자가 따랐다. 백관 중에 뒤에 남는 자는 서문 안에 나열해 서서 가슴을 치며 곡용哭踊하였는데, 햇빛에 광채가 없었다"[40]라고 그날의 상황을 기록하고 있다. 『승정원일기』의 당일 날씨 기록에는 '맑음'이라고 표기되어 있지만, "햇빛에 광채가 없었다"라고 한 부분은 당시의 분위기를 은유적으로 표현한 것으로 보인다. 인조가 산에서 내려가 형초荊草를 깔고 앉았는데, 얼마 뒤 갑주甲冑 차림의 청나라 군사 수백 명이 좌우로 나누어 말을 달려왔다. 인조는 "이것은 무엇을 하는 것인가?" 하고 물었고, 이경직은 "이는 이른바 영접하는 것입니다. 사신이 갈 때도 이와 같이 합니다"라고 대답하였다. 얼마 뒤에 용골대와 마부대가 말을 달려오자, 인조는 자리에서 일어서서 그들과 더불어 두 번 읍揖하고 동서東西로 나누어 앉았다. 용골대 등이 위로하자, 인조는 "지난날의 허물은 다 말할 필요도 없거니와 오늘의 일은 오로지 황제의 말과 두 대인大人이 힘써 주실 것만을 믿을 뿐입니다"라고 하였다. 이에 용골대는 "지금 이후로는 두 나라가 한집안이 되는 만큼 백성들은 무사함을 보장받을 수 있습니다. 시간이 이미 늦었으니 속히 떠났으면 합니다" 하고, 마침내 말을 달려 선도하였다. 실록에서는 간략하게 용골대와 마부대가 와서 인조가 삼전도로 나아가는 장면을 기록한 것에 비하여, 『승정원일기』는 인조와 이들의 대화까지 자세하게 기록하였음을 볼 수가 있다. 이어서 인조가 삼전도 쪽으로 향하는 기록이 나온다.

임금이 뒤따라 나아가 옛 광주廣州 앞에 이르자, 용골대가 시신侍臣들을 뒤에 떨어뜨려 두었으므로 임금은 다만 삼공, 오경, 육승지, 한림과 주서 각 한 사람만을 거느리고, 왕세자는 시강원과 익위사를 거느리고 앞으로 나아갔다. 비석 앞에 이르러 멀리 바라보니 황제가 마전포麻田浦에 단을 설치하고서 위에 황옥을 펼치고 앉아 있고 갑주 차림에 궁검을 찬 자가 각각 방진方陣을 치고 옹립하였으며, 깃발과 창검이 사방에 빽빽이 늘어서 있고 악기를 진열하여 연주하였는데, 대략 중국의 제도를 모방한 것이었다. 용골대 등이 말에서 내리니, 임금 또한 말에서 내려 비석 아래에 앉았다. 용골대 등이 먼저 들어가 보고를 하고는 이윽고 나와서 선도하여 걸었다. 임금이 도보로 따라서 진 밖에 이르자, 용골대 등이 전하를 동쪽 작문作門 밖에 머물러 있게 하였다. 임금이 삼배고두례를 행하자, 용골대 등이 들어가 보고한 다음 나와서 전하기를, "지난날의 일을 말하려 하면 길다. 이제 봉난을 내려 나왔으니 매우 기쁘고 다행스럽다" 하니, 임금이 답하기를, "천은이 망극합니다" 하였다. 용골대 등이 인도하여 들어가 동쪽 작문을 통해 들어가니, 단 아래에 북쪽을 향해 자리를 마련하고 임금에게 자리로 나아갈 것을 청하였다. 청나라 사람이 여창廬唱하자, 임금이 다시 삼배고두례를 행하였다. 용골대 등이 임금을 인도하여 나와 동쪽 작문을 통해 나와서는 다시 동북쪽 모퉁이를 지나 단의 동쪽에 앉게 하였다. 대군 이하가 강도江都에서 잡혀 와서 단 아래의 약간 서쪽에 늘어서 있었다. 이윽고 용골대 등이 황제의 말로 임금에게 단에 오를 것을 청하였다. 황제는 남쪽을 향해 앉고 임금은 동북쪽 윗자리에 앉았는데 서쪽을 향해 앉았다. 청나라 왕자 세 사람은 차례로 나란히 앉고 왕세자는 또 그 아래에 앉았는데, 모두 서쪽을 향해 앉았다. 또 청나라 왕자 네 사람은 모두 서북쪽에서 동쪽을 향해 앉고 봉림鳳林과 인평麟坪 두 대군은 그 아래에 나란히 앉았다.

　—『승정원일기』 55책(탈초본 3책), 인조 15년(1637) 1월 30일

위의 기록에서는 실록에서 언급되지 않았던, 삼배구고두를 행할 때 인조와 소현세자, 봉림대군과 인평대군의 위치까지 상세히 기록되었음을 알 수 있다. 다음 기록에서는 청나라 태종이 갑자기 소변을 보는 등 무례한 행위를 일삼은 모습이 나타난다.

우리나라 시신侍臣에게는 단 아래 동쪽 모퉁이에 자리를 주었고, 강도에서 잡혀 온 신하는 단 아래의 서쪽 모퉁이에 앉게 하고서 차 한 잔을 올렸다. **얼마 뒤 갑자기 일어나 단을 내려가 오줌을 누었으므로 임금 또한 일어나 단을 내려가 진 밖의 동쪽 모퉁이로 나가서 휴식하였다.** 황제가 단상에 돌아와 앉고서 임금이 다시 자리로 들어와 앉기를 청하였다. 용골대를 시켜 우리나라의 여러 시신에게 고하기를, "이제는 두 나라가 한집안이 되었다. 활 쏘는 솜씨를 보고 싶으니 각각 재주를 다하도록 하라" 하니, 여러 종관從官이 답하기를, "이곳에 온 자들은 모두가 문관이므로 활쏘기를 잘하지 못합니다" 하였다. 용골대가 굳이 청하므로 마침내 위솔衛率 정이중鄭以重으로 하여금 나가서 쏘게 하였는데, 활과 화살이 본국의 제도와 같지 않았기 때문에 다섯 번을 쏘았으나 모두 적중하지 못했다. 청나라 왕자와 제장諸將들이 한꺼번에 몰려들어 활을 쏘았는데 이것을 묘기로 여겼다. 얼마 뒤 진찬進饌하고 술을 돌렸는데, 술상이 치폐로 예수禮數가 줄었으나 임금이 앞에 놓인 술상은 황제의 술상과 똑같이 하였으니, 이는 존경하고 우대하기 위해서였다. 술이 세 순 돌자, 상을 치우도록 명하였다. **상을 치우려 할 때 종호從胡 두 사람이 각각 큰 개를 끌고 와서 황제의 앞에 이르렀다. 황제가 직접 고기를 베어 개 앞에 던져 주자 고기가 땅에 떨어지기도 전에 개가 곧바로 받아먹곤 하였는데, 저들은 그것을 묘기로 여겼다.** 두 종호가 개를 끌고 내려갔다. 얼마 후 임금이 인사를 하고 단을 내려갈 것을 청하였다. 단 뒤쪽을 경유한 뒤에 서북쪽 모퉁이를 따라 나오니, 빈궁嬪宮 이하 사대부 가속으로 붙잡힌 자들이 모두 한곳에 모여 있었다. 임금이 전중田中에 앉아 있는데, 용골대 등이 황제의 말로 빈궁 이하 대군 부인에게 나와 절을 하도록 청하였으므로 보는 자들이 눈물을 흘렸다. 임금이 서남쪽 모퉁이로 옮겨 앉자, 용골대 등이 황제의 말로 영롱한 안장을 갖춘 백마를 끌고 와서 주었으므로 임금이 친히 고삐를 잡았고 종신이 받았다. 잠시 후 용골대 등이 초피구貂皮裘를 가지고 나와 황제의 말로 전하기를, "이 물건은 당초에 주고자 해서 가져왔는데, 지금 보니 본국의 의복 제도가 이와 같지가 않다. 감히 억지로 입게 하려는 것이 아니라 단지 정리情理를 표하고자 할 뿐이다" 하니, 임금이 받아서 입고 뜰에 들어가 엎드려 사례하였다. 마침내 도승지 이경직으로 하여금 국보國寶를 올리게 하였는데, 용골대가 받아서 갔다가 얼마 후 와서는 묻기를, "고명誥命과 옥책玉冊은 어찌하여 바치지 않았습니까?" 하니, 임금이 이르기를, "옥책은 일찍이 갑자 연간에 역신逆臣의 난리가 있었을 때 이미 잃어버렸고, 고명은 이번의 난리에 강화도로 보냈습니다. 전쟁으로 어수선한 때인지라 잘 보존되었는지는 기필하기 어렵지만, 만약 혹시라도 잘 보전되었다면 추후에 바치는 것이 어렵지 않을 것입니다" 하자, 용골대가 알았다고 하고서 들어갔다. 얼마 후 초구 한 벌을 가지고 와서 인평대군을 불러 입게 하고, 또 세 벌을 가지고 나와 삼공을 불러 입게 하였으며, 또 여섯 벌을 가지고 나와 오경五卿을 불러 입게 하였고, 예조판서 김상헌金尙憲은 나오지 않았기 때문이다. 또 다섯 벌을 가지고 나와 다섯 승지를 불러다 입게 하고서 좌부승지 한흥일韓興一은 산성에 들어오지 않았기 때문이다. 그들에게 말하기를, "주상을 모시고 산성에서 애썼기 때문에 감히 이것을 주는 것이다" 하자, 대군 이하의 하사받은 사람들 또한 모두 땅에 돌이기 엎드려 사례하였다.

—『승정원일기』 55책(탈초본 3책), 인조 15년(1637) 1월 30일

청 태종이 의례 중에 행한 소변 사건이나, 개들에게 고기를 던져 주는 모습은 당시 이 모습을 지켜보았던 인조나 신하들에게는 더욱 참담한 굴욕으로 받아들여졌을 것이다. 조선의 의복 제도에 맞지 않는 초피구를 받아들고 억지로 사례해야 하는 상황도 아픔으로 기억되었을 것이다.

삼배구고두가 끝난 후인 유시에 한이 비로소 환도還都를 명하였다. "왕세자와 빈궁 및 봉림대군과 봉림대군의 부인은 모두 머물러 두도록 명하였는데, 이는 장차 그들을 북쪽으로 데려가려고 해서였다. 임금이 인사를 하고 물러나 빈궁의 막차로 들어가서 빈궁을 만나 보았다. 송파진松坡津을 경유하여 배를 타고 강을 건널 때 진졸津卒은 거의 다 죽고 빈 배 두 척만이 강가에 정박해 있었는데, 백관들이 앞을 다투며 어의御衣를 잡아당기기까지 하면서 배에 올랐다"[41]라는 기록에서는 왕을 배려하지 않고 백관들이 인조의 어의를 막 잡아당겼던 어처구니없는 상황도 목격이 된다.

"용골대 등이 호행護行하는 군병을 이끌고 길의 좌우에 도열하여 임금을 인도해서 가니, 사로잡힌 자녀들이 바라보고 울부짖으며 모두 말하기를, '우리 임금이시여, 우리 임금이시여, 우리를 버리고 가시나이까?' 하였는데, 길 양옆에서 슬피 울부짖는 자가 1만 명을 헤아렸다"라는 기록에서는 아비규환의 상황이 그대로 느껴진다. "살곶이 다리에 이르자 날이 이미 저물어 어두웠으며, 임금은 초경初更쯤에 비로소 한양에 당도하여 창경궁 양화당養和堂으로 나아갔다"[42]라는 기록으로, 『승정원일기』는 그 어느 날보다 길었던 1637년 1월 30일의 상황을 생생하게 전달해 주고 있다.

숙종과 천연두의 악연

최근 코로나 19가 3년 가까이 유행하면서 우리의 삶을 완전히 바꾸어 나가고 있다. 조선시대에도 시기별로 전염병이 유행하였고, 실록이나 『승정원일기』 등에도 전염병에 관한 내용이 자세하게 기록되어 있다. 조선 후기 최악의 전염병은 천연두였다. 천연두는 두창痘瘡, 두진痘疹, 창진瘡疹, 완두창剜豆瘡 등으로 표기되고 있는데, 조선 왕실에서도 천연두의 유행을 피해 갈 수는 없었다. 조선 후기 천연두와 악연을 맺은 대표적인 왕이 숙종이다. 『숙종실록』은 숙종 6년(1680) 9월 8일의 기록에서 "그때 도성 아래에서 누창이 크게 번지니 내신들이 아뢰기를, '조정의 관리 중 궁궐에 출입하는 자는 모두 피하시고, 정시庭試도 창덕궁의 인정전으로 옮겨 설치하게 하소서' 하니, 임금이 두창을 앓은 적이 없기 때문이다"[43]라고 하여, 대신들이 천연두 유행에 대비하여, 조정 신하들의 국왕 대면 금지, 과거시험 장소의 변경 등을 요청하고 있음이 나타난다. 같은 날 『승정원일기』의 기록에서는 마을에서 꺼리는 질병이 더욱 치성하였다는 것과 과거시험 장소를 원래 예정된 경희궁 숭정전에서 창덕궁으로 옮길 것을 청하여 윤허를 받은 내용이 나타난다.[44] 숙종이 경희궁에 거처했기 때문에 장소를 옮긴 것이다.

천연두는 한번 앓게 되면 면역이 생겨 병에 다시 걸리지 않는데, 숙종이 이때까지 천연두를 앓지 않아 왕에게 병이 옮겨질 것을 특히 우려하고 있다. 숙종 자신은 천연두를 피했지만, 한 달 후인 1680년 10월 18일, 왕비인 인경왕후仁敬王后가 두창에 걸렸다. "중궁이 편찮은 징후가 있었는데, 증세가 두창 병환이었다. 그때 임금도 또한 아직 두창을 앓은 적이 없었으므로, 약방 도제조 김수항金壽恒이 청대하여 임금이 다른 궁궐로 이어移御하기를 청하니, 임금이 이것을 허락하였다"라고 하여, 인경왕후가

두창에 걸리자, 숙종이 경희궁에서 창경궁으로 거처를 옮겼음이 나타난다. 코로나 19 확진자가 발생하면 가족을 우선 격리하는 모습과 유사하다. 두창 발병 후 8일만인 10월 26일, 인경왕후는 경덕궁에서 20세의 어린 나이에 승하했다. 인경왕후의 승하 다음 해인 1681년(숙종 7), 숙종은 21세의 나이로, 15세의 신부 인현왕후仁顯王后를 계비로 맞이하게 된다.

1680년, 두창으로 왕비를 잃었던 숙종 자신도 두창을 피하지 못했다. 1683년(숙종 9) 10월 18일,『숙종실록』은 "임금이 편치 못하시니, 곧 두질痘疾이었다"라고 하여 숙종이 두창에 걸린 사실을 기록하고 있다. 10월 27일에 환후가 더욱 심해졌지만, 10월 28일을 고비로 병세가 나아졌고, 11월 1일에는 크게 회복되어 딱지가 떨어졌다.『승정원일기』에도 숙종이 천연두에 걸리자 약방에서 입진하고, 처방하는 기록이 계속 보인다.[45] 10월 27일에는 도제조 김수항이 입진하여, 감로회천음甘露回天飮과 보원탕保元湯을 함께 올리겠다고 아뢰고 있는데,[46] 천연두 치료에 이들 약재를 사용했음을 알 수가 있다.

천연두는 처음 걸리면 열이 몹시 높고 사흘 만에 반점이 생긴다. 기창起瘡(부스럼이 일어남), 관농貫膿(고름이 흐름), 수두收痘를 지나, 낙가落痂(딱지가 떨어짐)가 시작되기까지 대체로 12일 정도가 걸리는데, 숙종은 이러한 과정을 거치고 있다. 1683년 11월

17일, 숙종은 천연두에서 완전히 회복된 경사를 종묘와 사직에 고하고 대사령大赦令을 내렸다. 남구만이 찬진한 이 내용은 실록과 『승정원일기』에 함께 기록되어 있다.

"왕은 이렇게 말하노라. 기류로 질병을 이루어 이어 위예의 근심이 있었으나, 신이 도와 복을 내려 주므로, 이에 빨리 회복되는 기쁨을 보게 되었으니, 이에 광전曠典을 거행하고 널리 덕음德音을 펴노라. 생각건대, 지극히 작은 과궁寡躬이 일찍이 크나큰 홍업洪業을 이어받았으니, 종사와 신인神人이 의탁한 바라 어찌 스스로 가벼이 함을 용납하리요. 그러나 음양과 한서에 이지러짐이 있어서 매번 경계하였는데, 때마침 두진이 크게 일어나 금어禁禦에까지 만연함을 초래하였다. 하지만 하늘과 때가 그렇게 만든 것이었지, 사실은 침노한 것으로 빌미 삼을 수는 없다. 열흘 동안 괴롭게 앓으면서, 혹은 땀을 내기가 어려울까 염려하여 하늘을 향해 자신을 책망하고, 비록 열성列聖의 보우하심이 부지런하였으나 밤새도록 잠들지 못하심은 또 양궁兩宮의 애를 태우고 마음을 졸이심이 절실하였다. 그래도 약이藥餌의 주효함에 힘입어, 쾌히 여학癘瘧을 몸에서 떨쳐 버리게

됨을 얻었다. 목복穆卜을 번거롭게 함이 없었으나, 곧 해害가 없는 기쁨에 응하게 되었고 신군神君에게 물음이 없었으나 즉시 양기良己의 경사를 고하게 되었으니, 감히 남면南面하여 스스로 즐기려는 것이 아니라, 실로 동조東朝께 기쁨을 돌리는 것을 다행으로 여기는 것이다. 이에 병을 다스리는 동안을 통해 더욱 상심되는 뜻을 깨달았는데, 병침丙枕이 새로 편안해졌다고 여항閭巷의 신음 소리를 잊을 수 있겠는가? 옥식玉食이 다시 감미甘味롭게 되니 도로 구덩이에 버려지고 여윈 사람들을 생각한다. 누가 부모가 없으리오마는, 돌림병이 서로 겹치고 고통과 질곡 속에서 오랫동안 막혀 있음을 또한 아노라. 칭하稱賀하는 것은 평소의 마음에 부끄러우나 식희飾喜하는 것이 또 군정群情에 몰리었기 때문이다. 생례牲醴를 바치는 밝은 제사로 종묘사직을 위안하고 사륜絲綸의 환호渙號를 내려 신민을 도달導達한다. 이에 꼭 같이 여기는 은혜를 미루어 같이 기뻐함을 표시하니, 이달 17일 매상昧爽 이전부터 잡범으로 사죄死罪 이하는 모두 용서하여 죄를 없앤다. 그리고 관직에 있는 자는 각각 한 자급을 더하고 자궁자資窮者는 대가代加한다. 아! 몸으로부터 기대할 것은 질고를 모두 없애는

것이며 만물과 더불어 유신維新할 것은 하자와 허물을
모두 씻어 버리는 것이다. 때문에 이에 교시하는 것이
니, 생각하여 모두 알도록 하라" 하였다. 내제학 남구
만이 지어 올렸다.

—『숙종실록』권14, 숙종 9년(1683) 11월 17일 및

『승정원일기』301책(탈초본 15책), 숙종 9년(1683) 11월 17일

숙종은 관리들의 승진과 같은 후속 조처들을 통하여 자신이
천연두에서 회복된 기쁨을 신민들과 함께 나누었다. "전 승지
이현석李玄錫이 성두가聖痘歌를 지어서 기쁨을 표시하니, 사람들
이 많이 전하여 외웠다"[47]라는 당시의 분위기도 기록되어 있다.

천연두에 걸린 후 저절로 낙가하기 전에 가려움에 긁어서
떼면 마마 자국이 생긴다. "대개 '박색縛色'이란 우리 동방東方 풍
속이 두흔痘痕을 가리켜 얽었다고 하기 때문입니다"라는『영조
실록』의 기록에서 보듯이,[48] 천연두의 후유증으로 마마 자국이
생긴 사람을 박색이라 표현한 기록도 주목이 된다. 조선 관리의
초상화 화첩인《진신화상첩縉紳畵像帖》에는 관리 22명의 초상화
중 5명의 인물에게서 마마 자국이 선명하게 보인다. 세계사의
인물 중에서는 괴테, 모차르트, 조지 워싱턴 등이 천연두를 앓
았음이 확인되고 있다.

判書李在學

낙장

P.H. 1張 , 1899쓴

判書元我志 敬楸

參議李晉圭

參判吳載紹

孝빈

郡守具允斌

그림 21 《진신화상첩》, 서울대학교 규장각한국학연구원 소장

숙종은 왕비와 자신뿐만 아니라, 아들인 경종과 영조도 천연두에 걸리는 아픔을 당했다. 1699년(숙종 25) 1월에는 당시 왕세자로 있던 경종이 12세 때 천연두에 걸렸으며, 1711년(숙종 37) 9월에는 훗날 영조가 되는 연잉군延礽君이 18세 때 두창을 앓았다. 연잉군에 이어 숙종의 두 번째 계비인 인원왕후仁元王后도 천연두에 걸렸다. 인원왕후의 치료는 잘 이루어졌는데, 숙종과 인원왕후의 천연두 치료에 공을 세운 어의 유상柳瑺은 2품직을 제수받았다. 자신과 두 명의 왕비, 두 아들까지, 숙종은 천연두와 특별한 악연을 가진 왕이었다.

1759년 영조의 혼례식 현장

1759년 6월 초여름, 66세의 신랑 영조는 15세 신부 정순왕후貞純王后를 계비로 맞아들였다.[49] 조선 왕실의 최대 경사인 결혼식의 모습은 『승정원일기』에 어떻게 기록되어 있을까? 먼저 영조가 66세라는 고령인 점을 고려하여, 계비가 될 후보들의 금혼연령을 규정한 내용이 흥미를 끈다. 1759년 5월 4일, 예조판서 홍상한洪象漢이 계비 간택을 위한 금혼령을 속히 내릴 것을 건의하면서, 금혼 연령을 어떻게 할 것인가에 대해 영조의 뜻을 물었다. 이에 영조가 18세에서 20세를 금혼 범위로 하는 것이 좋겠다는 입장을 피력한 내용이 『승정원일기』에 보인다.[50] 영조가 비교적 금혼 연령을 높인 것은 자신의 나이를 어느 정도 감안했기 때문으로 풀이된다. 이는 선조가 51세의 나이로 인목왕후仁穆王后를 계비로 맞이할 때 비교적 연령이 높은 19세의 신부를 간택한 사례와도 유사한 사례로 볼 수가 있다.[51] 그런데 다음 날인 1759년 5월 5일의 기록에는 좌의정 김상로金尙魯가, 영조가 제시한 금혼 연령에 대해 문제를 제기하고 있다. 즉 세족대가世族大家에는 18세의 규수가 없다는 점을 지적하면서 금혼 연령 범위를 16세에서 20세로 할 것을 주장하였고, 영조는 이를 수용하여, 금혼령을 내리고 처녀 단자를 올리게 할 것을 예조에 지시하였다.[52] 결국 정순왕후가 15세의 나이로 최종 간택된 점을 고려하면, 당시 조혼의 풍습이 사회 전반에 만연했던 상황을 짐작할 수가 있다.

실록 기록과 비교하여 『승정원일기』는 보다 상세하게 혼례식의 과정을 기록하고 있다. 『영조실록』에는 6월 9일에 "삼간택을 행하여 유학幼學 김한구金漢耈의 딸로 정하고", "대혼大婚을 6월 22일 오시午時로 택길擇吉하고 이날 정사를 열어 김한구를 돈녕도정으로 삼았"다는 기록이 나온다. 그런데 『승정원일기』에는 이에 앞서 6월 2일에 재간택을 하여 김한구 등 6명의 딸

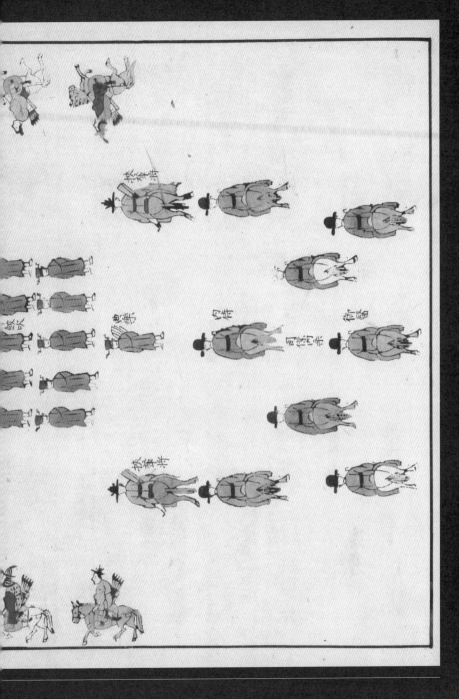

을 뽑은 기사를 싣고 있어서 간택의 과정에 대해서 보다 자세한 정보를 얻을 수가 있다.[53] 그리고 6월 9일의 기록에는 김한구의 딸을 왕비로 정하고 왕이 빈청賓廳에 의견을 구하는 과정과 예조에서 친영親迎의 길일을 정해야 한다는 의견을 제시한 내용 등 실록에 언급되지 않는 내용이 실려 있다. 6월 13일의 납채納采 의식에 대해서도 『영조실록』은 '국왕이 명정전明政殿에 납시어 납채례納采禮를 행하였다. 정사正使 유척기兪拓基와 부사副使 조운규趙雲逵 등이 궁궐 마당에서 사배를 행하고 채여彩輿를 따라서 나갔다'라고 간략히 기록하였지만, 『승정원일기』에는 납채의 의미를 기록한 문장을 비롯하여, 국왕을 시립侍立한 신하의 명단, 왕의 복장과 이동 경로, 가마의 위치 등을 자세히 기록하고 있다. 오늘날 결혼식장에서 거행된 혼례식 행사로 볼 수 있는 친영親迎 의식에 대해, 실록에는 '국왕이 어의궁於義宮[54]에 나아가 친영례를 행하였다'[55]라고 간단히 언급했지만, 『승정원일기』의 같은 날 기록에는 인시寅時에 왕의 거둥이 있자 도승지를 비롯한 승정원의 승지, 기사관 등이 배종陪從하고, 해당 부서의 군직軍職들이 수가隨駕한 사실과, 대가大駕가 어의궁 막차에 도착한 후 왕이 승지들을 불러 지시한 내용, 환궁 후 약방에서 왕을 문안한 내용까지 정리되어 있다.[56] 이처럼 『영조실록』과 비교해 볼 때 『승정원일기』에는 영조의 혼례 절차가 보다 생생히 기록되어 있다. 물론 영조의 결혼식은 의식의 모습을 자세한 기록과 함께 그림으로 정리한『영조정순후가례도감의궤英祖貞純后嘉禮都監儀軌』가 있어서 그 모습을 아주 상세히 알 수 있지만,『승정원일기』의 기록을 통해서도 당시 혼례식 현장에 참석한 듯한 느낌을 받을 수 있다.

1760년 청계천 준천 공사의 기록

1760년(영조 36) 3월 16일, 영조는 국가적 사업으로 추진한 청계천 준천濬川 공사를 완료하고『준천사실濬川事實』이라는 책자를 완성하였다. 영조는 준천한 뒤에 청계천이 몇 년을 지탱할 수 있는가를 묻고 홍봉한은 그 효과가 백 년은 갈 것이라 대답하였다.『영조실록』에도 이 내용이 간략히 정리되어 있지만, 같은 날짜의『승정원일기』에는 매우 자세한 내용을 싣고 있다. 우선 국왕과 함께 면담한 인물들의 관직과 성명이 기록되고 국왕과 신하들의 대화 내용이 모두 실려 있다.[57] 왕이 직접 준천한 경계를 묻고 호조판서 홍봉한이 송전교에서 광통교에 이르는 지역이라고 답한 내용과, 수표교에서 광통교에 이르는 지역은 넓어서 공사가 힘들었다는 공사의 구체적인 내용, 국왕이 직

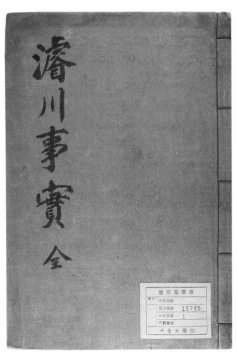

접 『준천사실』이라는 책명을 정한 사실 등은 『승정원일기』를 통해서만 접할 수가 있다. 특히 대화체로 영조와 신하들의 의견을 적고 있어 현장의 생동감이 살아난다.

　『승정원일기』 1156책(탈초본 64책), 영조 34년(1758) 5월 2일 조에는 영조가 미시未時(오후 2시경)에 숭문당에 나갔을 때 어영대장 홍봉한, 승지, 기사관, 기주관 등과 준천 문제를 깊이 논의한 사실이 나타난다. 『승정원일기』의 기록을 바탕으로 주요 내용을 재구성해 보았다.

영조: 저번에 광충교廣衝橋를 보니 진년에 비해 더우 흙이 빠져 막혀 있다. 가히 걱정이 된다.

홍봉한: 하천 도랑의 준설이 매우 시급합니다. 만약 홍수를 만나면 천변川邊 인가는 반드시 표류하거나 없어지는 화를 입을 것입니다.

영조: 경들은 도랑을 준천하는 일을 담당할 수 있는가?

홍봉한: 신들로 하여금 담당하게 한즉 어찌 진력하여 받들어 행하지 않겠습니까?

영조: 서울의 백성들을 불러 물은 후에 실시하는 것이 옳을 듯하다. 비록 하천을 준설해도 사토沙土를 둘 곳이 없지 않은가?

홍봉한: 혹은 배로 운반하고, 혹은 수레에 싣고, 말 짐에 얹어 해결할 수 있습니다.

영조: 성중城中에 배를 들일 수 있는가?

홍봉한: 배로 운반한다는 것은 큰비가 내릴 때 가능한 방법입니다.

영조: 사관史官들은 의견이 다를 수도 있으니 말해 보라.

사관: 도랑을 준설하는 것이 급한 일이나, 만약 민력을

동원하려 한다면 초기에는 민원이 많을 것입니다.

영조: 다른 사람들의 의견을 말해 보라.

이해진: 시골의 사람들은 준천의 이해난이利害難易에 대해 정견定見이 없습니다. 도성 내의 여론을 수집해 본즉 준천을 하는 것이 옳다고 합니다.

서병덕: 준천의 계측은 일찍이 강구하지 않았습니다. 북악이 잘 붕괴가 되고 동쪽 도랑이 잘 막히니, 먼저 북악의 수목樹木을 기르고, 동쪽 도랑의 막힌 부분을 깊이 판 연후에 효과를 볼 수 있습니다.

영조: 옳은 의견이다.

— 『승정원일기』 1156책(탈초본 64책), 영조 34년(1758) 5월 2일

1760년 2월 23일에는 호조판서 홍봉한이 성 밖의 물길을 잡는 방법에 대해 아뢰자 이를 윤허한 내용이 매우 상세하게 기록되어 있다.

진시辰時(오전 8시경) 희정당에서

영조: 나의 마음은 오로지 준천에 있다. … 오간수문五間水門의 역사는 매우 힘들다고 했는데 6일 안에 일을 마치니 신기하다.

홍봉한: 수문 간에 흙을 파기가 힘들었으나 한번 구멍을 뚫으니 점차 팔 수 있었습니다. 이것은 진실로 여러 백성의 힘이 하늘을 이긴 것입니다.

영조: 정말 그러하다.

홍봉한: 맹인들도 부역에 참여하기를 원합니다.

영조: 그들이 흙과 물을 볼 수 있는가?

홍봉한: 반드시 그들이 가동家僮과 노비의 일을 하고자 한 것인즉 부역을 할 수 없다는 듯의 분부를 내렸습니다.

영조: 그 마음은 가상하다.

　　　　　―『승정원일기』 1178책(탈초본 65책), 영조 36년(1760) 2월 23일

위의 기록에서는 영조가 청계천 준천에 매진하는 모습과 함께 난공사로 여겼던 오간수문의 공사가 6일 만에 완성된 것에 대해 치하를 내리는 장면이 기록되어 있다. 특히 맹인들까지 청계천 준천 사업에 참여하기를 희망하는 모습에 크게 감동했음이 나타나 있다.

1760년 마침내 청계천 공사가 완성되자, 영조는 3월 16일, 『준천사실』의 편찬을 명하였다. 『영조실록』의 당일 기록에는 『준천사실』을 만들었다는 것, 영조가 홍봉한에게 '준천한 뒤에 몇 년이나 지탱할 수 있겠는가'를 물었고, 홍봉한이 말하기를

'그 효과가 백 년을 갈 것입니다'라고 답한 내용, 사관이 이를 비판한 내용이 나온다. 이에 비해 『승정원일기』의 같은 날 유시 희정당에서 호판, 판윤, 훈련대장 등이 입시했을 때의 기록은 매우 자세하다. 주요 내용을 대화체로 소개하면 다음과 같다.

영조: 준천 공사는 지금 어디까지 했는가?

홍봉한: 송전교에서 광통교까지 이미 완료되어 내일 연결될 것입니다. 수표교에서 광통교에서 이르는 구간은 너무 넓어 공역工役이 심히 어려웠습니다. (이하 공사 경과보고)

영조: 나는 사토沙土의 처리가 힘들 것으로 생각했는데 금번 일은 매우 잘된 것 같다.

홍계희: 옛날에도 하천을 다스린 사례가 있지만, 그 과정을 전하는 바가 없습니다. 공사의 사실을 기록해야 하는데 제목을 정하기가 어렵습니다.

영조: 『준천사실』로 이름하는 것이 가할 것이다.

영조: 금번 준천 후에 다시는 막히는 일이 없도록 하라.

홍봉한: 갑론을박이 없는 것은 아니지만 백 년 내에는 반드시 막히지 않을 것입니다.

영조: 승지의 의견은 어떤가?

이사관(승지): 다시는 막히지 않을 것으로 생각합니다.

홍봉한: 차후에 한성부의 장관과 삼군문 대장이 주관하니 문문(▪門)에서 ~~각기 야간이 재력을~~ 각축하여 사후 준천의 비용으로 한즉 일이 편해질 것입니다.

구선행: 홍봉한의 의견과 같습니다. 이러한 일이 있는 연후에 실효가 있을 것입니다. 금번 굴착이 끝난 후 각 다리에 표석標石을 만들고 차후에는 이것으로 한계를 삼는 것이 좋습니다.

영조: 표석은 경진년(1760) 지평地平으로 새기고 침수되지 않게 해야 유효할 것이다. … 한편의 책자를 완성하고 그 이름을 『준천사실』이라 한다.

—『승정원일기』1179책(탈초본 65책), 영조 36년(1760) 3월 16일

이상에서 청계천 준천 사업의 경과를 『승정원일기』를 통해 살펴보았다. 『영조실록』에는 간략하게 결과에 해당하는 사실이 기록된 반면, 『승정원일기』에서는 결과가 나오기까지의 과정이 국왕과 신하의 대화 형식으로 설명되고 있다. 또한, 일이 추진된 시간, 장소, 배석 인원에 대한 기록이 자세하여 국왕의 동선을 추적할 수 있고, 일을 추진한 과정에서 찬반 의견을 알 수 있다. 특히 경진지평庚辰地平 표석은 현재의 광통교 다리에서도 볼

수 있어 역사의 현장을 확인할 수가 있다.

한편『영조실록』에는 홍봉한의 보고에 대해 실록을 기록한 사관이 '준천의 역사에 역민役民이 여러 십만 명이나 동원되고 경비經費도 십만여 전錢이나 소모되었으니, 이것이 어찌 국가의 안위安危가 걸린 그만둘 수 없는 일이라는 말인가? 준천한 곳을 보건대, 하나의 시내를 소통한 것에 불과한데도, 공사를 주관한 사람이 아첨하기에 급급하여 지나친 과장을 하였다. 홍계희가 사실을 기록하여 두자고 계청한 것과 홍봉한이 그 효과가 백년을 갈 것이라고 말한 데 대하여 사람들이 비난하는 자가 많았다'[58]라고 비판한 내용이 실려 있는데,『승정원일기』는 바로 당일의 기록이기 때문에 사안에 대한 후대의 평가는 서술하지 않고 있다. 사관의 평가를 다양하게 기록한 점은 실록의 특징으로 지적할 수 있다.

영조 탄신 행사의 근거가 된 『승정원일기』의 기록

『영조실록』에 의하면 1773년(영조 49) 7월 23일, 영조의 탄신일을 맞이하여 모든 신하가 축하 의식을 가지기를 청했으나 왕이 번거로움을 이유로 들어주지 않았다. 이때 세손으로 있던 어

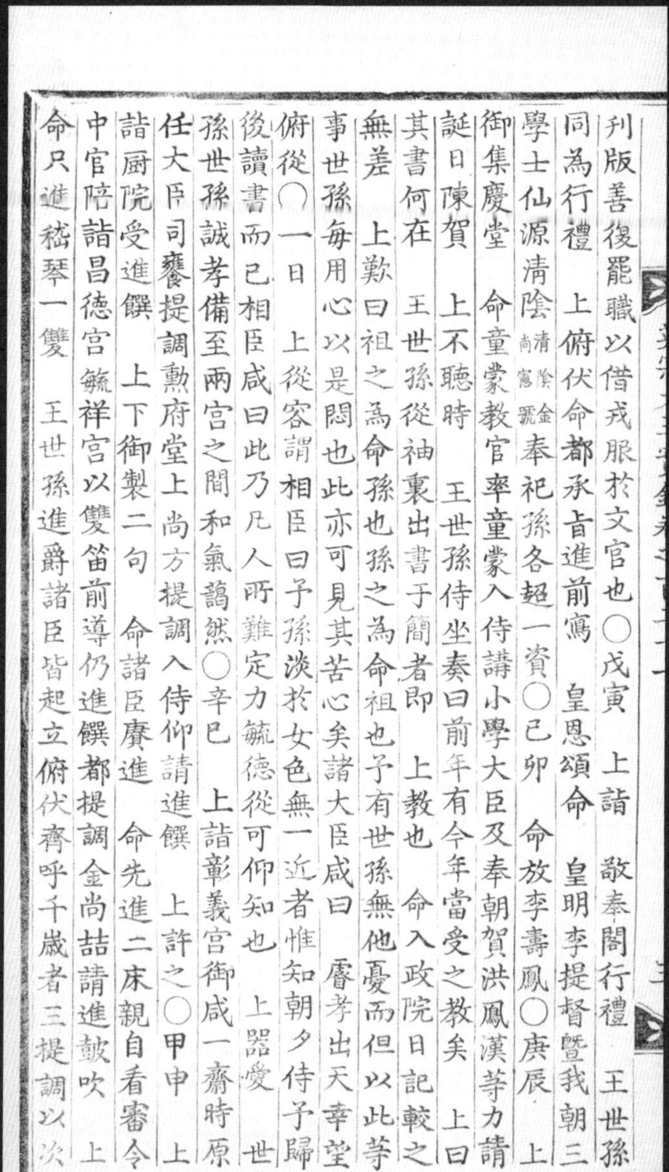

刊版善復罷職以借戎服於文官也○戊寅 上詣 敬奉閣行禮 王世孫

同為行禮 上俯伏命都承旨進前寫 皇恩頌命 皇明李提督曁我朝三

學士仙源淸陰〔清陰罷金〕奉祀孫各超一資○己卯 命放李壽鳳○庚辰 上

御集慶堂 命童蒙教官率童蒙入侍講小學大臣及奉朝賀洪鳳漢等力請

誕日陳賀 上不聽時 王世孫侍坐奏曰前年有今年當受之教矣 上曰

其書何在 王世孫袖裏出書于簡者即 上教也 命入政院日記較之

無差 上歎曰祖之為命孫也此亦可見其苦心矣諸大臣咸曰 曆孝出天幸歸

事世孫每用心以是閟也此亦可見其苦心矣諸大臣咸曰

俯從○一日 上從容謂相臣曰此乃凡人所難定力毓德從可仰知也○辛巳

後讀書而已相臣咸曰此日子孫淡於女色無一近者惟知朝夕侍子歸

孫世孫誠孝備至兩宮之間和氣藹然○辛巳 上詣彰義宮御咸一齋時原

任大臣司饔提調勳府堂上尚方提調入侍仰請進饌 上許之○甲申 上

詰厨院受進饌 上下御製二句 命諸臣賡進 命先進二床親自看審令

中官陪詰昌德宮毓祥宮以雙笛前導仍進饌都提調金尚詰請進蘇吹 上

命只進嵇琴一雙 王世孫進爵諸臣皆起立俯伏齊呼千歲者三提調以次

그림 24 영조 탄신 행사의 근거가 된 『승정원일기』, 『영조실록』 권121, 영조 49년 7월 23일, 서울대학교 규장각한국학연구원 소장

린 정조가 소매 속에서 간지簡紙에 쓴 국왕의 글을 꺼내 놓았다. 그것은 꼭 1년 전 같은 날, 영조가 다음 해에는 축하 의식을 받겠다고 약속한 글이었다. 바로 『승정원일기』를 들이기를 명하여 세손의 간지와 맞추어 보니 똑같은 내용이 기록되어 있었다. 국왕 영조는 세손의 총명에 감탄하여 더 사양하지 못하고 탄일 의식을 치렀다고 한다. 당시의 기록 속으로 들어가 보자.

임금이 집경당에 나아가서 동몽교관童蒙敎官에게 명하여 동몽을 거느리고 입시하여 『소학小學』을 강講하게 하였다. 대신과 봉조하奉朝賀 홍봉한 등이 탄일에 진하陳賀하기를 힘써 청하였으나, 임금이 들어주지 아니하였다. 이때 왕세손이 모시고 앉았다가 아뢰기를, "지난해에, '금년에는 마땅히 받겠다'는 하교가 계셨습니다" 하니, 임금이 말하기를, "그 글이 어디에 있느냐?"고 하자, 왕세손이 소매 속에서 간지에 쓴 것을 내어놓았으니, 바로 상교上敎이었다. 『승정원일기』를 들이기를 명하여 비교하니, 어긋남이 없었다. 임금이 찬탄하기를, "할아비가 손자에게 명한 것인데 손자가 할아비에게 명한 것이 되었다. 나는 세손이 있으니 다른 근심은 없으나, 다만 이 같은 일로써 세손이 매양 마음을 쓰니 이것이 민

망스럽다. 이에서도 또한 그 고심苦心을 볼 수 있다" 하
였다. 여러 대신이 모두 말하기를, "예효睿孝가 천성에
서 나왔으니, 행여 급이 따르시기를 바랍니다" 하였다.

—『영조실록』권121, 영조 49년(1773) 7월 23일

위의 기록에서는 세손 정조의 총명함과 더불어『승정원일
기』가 주요 현안의 근거 자료로 활용되었음을 볼 수 있다. 실록
과『승정원일기』의 기록을 보면 영조의 탄일은 9월 13일이었는
데, 세손이 미리 이를 환기한 것으로 보인다. 예조에서는 9월
13일 탄일에 왕세손이 치사하여 진하하는 의절을 행할 것을 품
의했으나, 영조는 50년 동안 한결같은 뜻이고, 금년은 특히 80세
가 되는 해이니 임시로 정지할 것을 전교하였다.[59] 실록에서도
"대전大殿의 탄일이므로 조정에서 정후庭候하였다"[60]라고 짧게
기록하고 있다. 영조가 고령으로 건강이 좋지 않은 상태에서 탄
일 행사는 매우 부담스러웠던 것이다. 이날 기록에는 승정원 등
에서 왕의 건강을 걱정하는 내용이 주를 이루고 있다.[61]

영조와 정조의 새해맞이

설날이 민족 최대의 명절인 것은 전통시대에도 마찬가지였
다. 특히 조선의 국왕들은 새해 첫날을 분주하게 보냈다. 조정
신하들의 새해 문안을 받고 정전의 뜰에서 신년 하례식을 했다.
지방의 관리들은 특산물을 왕에게 올렸으며, 왕은 세화歲畵(새해
를 축하하는 뜻에서 궁궐에서 하사하는 그림)와 같은 선물을 나누어 주
기도 했다. 노인들을 불러 잔치를 베풀어 주었고, 종묘와 경복
궁을 찾기도 했다. 70세 영조와 40세 정조가 보낸 새해 하루의
모습을 통해서 조선시대 왕들의 새해 동선을 따라가 본다.

영조의 새해 행차

궁궐의 새해 하루는 "왕이 면복冕服 차림으로 왕세자와 문무
여러 신하를 거느리고 망궐례望闕禮를 행하고, 근정전에서 여러
신하의 조회를 받고, 경회루에서 종친과 2품 이상의 관원에게
연회를 베풀었다. 중궁도 역시 내전內殿에서 연회를 베풀었다"
라는 『세종실록』의 기록처럼 새해를 맞아 왕과 신하가 모여 신
년 하례식을 하는 것이 일반적인 풍속도였다. 실록 이외에도 왕
의 비서실에서 쓴 『승정원일기』와 왕의 일기 형식에서 출발한

『일성록』과 같은 자료에는 왕이 보낸 새해 행적이 자세히 기록되어 있다.

1763년(영조 39) 1월 1일의 『영조실록』과 『승정원일기』에는 칠순을 맞아 유난히 바쁜 거둥을 했던 영조의 행적을 자세히 기록하고 있다. 경희궁 경현당景賢堂에서 새해 첫날을 맞이한 영조는 여러 신하가 성수聖壽가 칠순에 올랐다 하여 천안天顔(용안)을 우러러뵐 것을 청하니 이를 허락하고 진시에 선왕과 왕비의 위패가 모셔진 종묘에 거둥했다. 이 거둥에는 도승지 심수沈鏽, 좌승지 김효대金孝大, 우승지 이유수李惟秀 및 사관 홍검洪檢·이숭호李崇祜 등이 수행했다. 종묘에 행차한 영조는 선왕들의 신위에 참배한 익선관翼善冠과 곤룡포袞龍袍 차림으로 연輦(왕의 가마)을 타고 시가로 나왔다. 시가로 들어선 국왕은 여러 계층의 사람들을 만났다. 이날 영조가 처음 불러들인 이들은 국왕에게 문안을 드리기 위해 나온 노인들이었다. 노인들을 본 영조는 왕의 앞으로 나오게 한 뒤 나이 순서대로 서게 하고 고마움을 전했다. 이어 영조는 경희궁 홍화문興化門 밖으로 가 가마를 멈추게 하고 지방 향리의 우두머리인 각 읍 호장戶長들을 앞으로 나오도록 했다. 영조는 재임 중 궁궐 앞문 밖에까지 나가 백성들을 자주 만났다. 균역법 등 주요 현안을 결정할 때마다 백성들의 현장 의견을 청취하기 위해서였다. 영조는 "내가 비록 칠순이지만 마음만은 오막살이집과 같아 오늘도 마음을 놓지 못한다. 하물며 삼남 지방(경상, 전라, 충청)을 생각하는 나의 마음은 더욱 절실하다. 해가 시작되기 전에 모두 진휼賑恤을 베풀었는데, 지금 백성들은 근심이 없는가?"라고 물었고, 나주의 호장戶長은 "진휼을 베풀었으므로 백성들이 지금까지도 흩어지는 근심이 없습니다"라고 대답했다. 이에 영조는 왕 앞에서 의례적으로 하는 말임을 간파하고, "너희의 말이 이와 같지만, 어사가 보고하는 것과 서로 다르다. 내가 마땅히 처분이 있을 것이다. 오늘의 거둥은 중요한 바가 있으니, 지난해 애휼愛恤의 뜻을 생각하여 너희들을 소견하는 것이므로 품은 바가 있으면 말하도록 하라"라고 하며 솔직히 민원을 말할 것을 독려하였다. 호장들과의 면담이 끝난 후 영조는 이들에게 머물지 말고 속히 내려가라고 지시하였다.[62] 현장에서 백성들을 잘 보살피라는 의미였다.

종묘, 기로소, 경복궁으로 바쁘게 이어지는 하루

영조는 다시 역대 왕과 왕비의 신위가 모셔진 종묘로 향했다. 영조는 신위가 모셔진 전각을 살핀 뒤에 수리가 필요한 부분을 직접 만지며, 영의정 신만申晩 등에게 고칠 것을 지시했다. 이어 영조는 종각에서 잠시 머물며 시전 상인들의 애로사항을

『기영각시첩』, 동아대학교 석당박물관 소장

들었다. 그리고 책임자에게 문제 해결을 지시하겠다고 약속했다. 시전 상인과의 면담에 이어 영조는 기로소耆老所의 기영각耆英閣으로 갔다. 기영각은 연로한 고위 문신의 친목 및 예우를 위해 설치한 기구인 기로소에 들어가는 것을 기념해 만든 전각이다. 유교 사상의 핵심인 경로사상의 상징적인 공간이다. 왕으로는 태조와 숙종에 이어 영조가 들어갔으니 이곳에 대한 영조의 감회는 남달랐을 것이다. 기영각에 들어간 영조는 이곳의 방문을 기념하여 '기영각전칠순군신耆英閣前七旬君臣'이라는 글씨를 직접 남겼다. 새해 거둥은 경복궁까지 이어졌다. 당시 경복궁은 임진왜란 때 불에 탄 뒤에 복구되지 못한 채 터만 남아 있었다. 이곳에 영조가 거둥한 것은 비록 빈 터로 남아 있었지만, 국가의 상징이자 조선의 정궁인 경복궁을 국왕이 여전히 잊지 않고 있음을 보이기 위함이었다. 경복궁 앞에 이르러 영조는 자신을 맞이하러 나온 유생들을 대상으로 내일 글을 짓는 시험을 시행하겠다고 했다. 영조는 숭현문을 거쳐 생모인 숙빈 최씨를 모신 사당인 육상궁毓祥宮을 찾아 사적인 예를 다하였다. 이어 경복궁의 북문인 신무문을 거쳐 사정전의 옛터에 이르러 작은 막차를 세우고 근정전 쪽으로 향했다. 근정전 앞에서 신하들의 진하陳賀를 받은 영조는 사면령을 내렸다. 영조의 행보는 늦은 밤까지 이어졌고, 경희궁에 다시 돌아오면서 새해 하루 영조의 긴 여정이 끝이 났다. 이처럼 종묘와 육상궁에서 새해 인사를 하고, 조선의 상징 경복궁 터 답사를 통하여 왕으로서의 책무를 다하며, 지방 호장과 노인, 유생 등 각계각층을 대표하는 인사와 만나는 등 영조는 70세가 된 새해의 긴 하루를 보냈다.

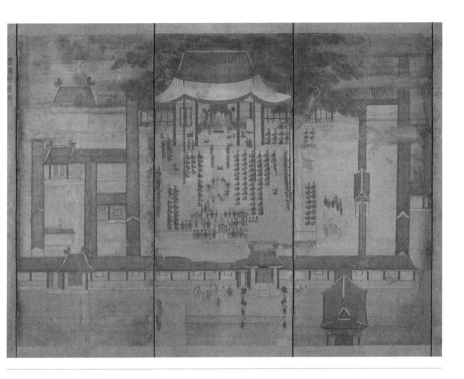

영조의 기로연, 《영조을유기로연경현당수작연도병》, 서울역사박물관 소장

정조의 새해맞이

1791년(정조 15)은 정조가 40세 되던 해였다. 새해 첫날 정조
는 먼저 역대 왕의 어진御眞(왕의 초상)을 봉안한 선원전璿源殿에
나아가 인사를 올렸다. 이어 예조 관리들의 인사를 받고, 4일에
종묘와 경모궁景慕宮(사도세자를 모신 사당)에 나아가 예를 표할 것

을 지시하였다. 정조는 종신宗臣으로서 가장 나이가 많고 벼슬한 지 오래된 서계군西溪君에 대해 별도로 음식물과 옷감을 주었다. 새해를 맞아 왕실의 친척 대표를 배려한 것이다. 나이가 많은 재상들에게는 세찬을 하사하였다. 정조는 교서를 내려, "판부사 이복원李福源과 좌상은 대신이자 각신閣臣이다. 나이가 모두 70이 넘었지만, 정력이 왕성하여 젊은이와 다름이 없다. 좌상이 근래에 혼자서 수고하는 것으로 말하면 젊은이도 억지로 할 수 없는 일이라 내가 항상 칭찬하고 감탄하고 있다. … 두 대신의 집에는 원래의 정식 외에 더 보내 주고 이어서 낭관으로 하여금 문안하게 하라"라고 지시하였다. 이어 "신하로서 나이가 70이 넘었고 내외가 해로하는 자가 자그마치 13명이나 된다. 이런 경사스러운 때를 맞아 기축祈祝하는 일로는 노인을 공경하는 것보다 더한 것이 없고 노인을 공경하는 정사는 또한 은혜를 베풀어 봉양하는 것보다 더한 것이 없다"라고 하면서 구체적으로 연로한 신하들과 그 부인의 나이를 언급하였다. "지사 송제로宋濟魯는 81세이고 정부인 엄 씨는 80세이며, 전 참판 서병덕徐秉德은 80세이고 정부인 박 씨는 74세이며, 전 참판 신응현申應顯은 70세이고 정부인 윤 씨는 70세이다. 이상 여러 기로耆老의 집에는 별도로 쌀과 고기를 주고 안사람들에게는 명주를 주고 이어서 오부五部의 낭청으로 하여금 문안하게 하라고 해당조 및 한성부에 분부하라"라고 하면서 조정에서 70세 이상 노인들과 그 부인을 각별히 챙길 것을 당부하였다.[63]

농사를 권장하는 윤음을 내리다

이어 정조는 팔도에 농사를 장려하는 윤음綸音(왕이 백성이나 신하에게 내리는 글)을 내렸다. 농업을 기반으로 하는 만큼 새해에도 농사에 매진할 것을 각 도의 관리들에게 당부한 것이다. 정조는 "내가 하늘과 조종祖宗의 보살핌과 도움을 받아 지난해 경술년(1790)에 나라에 원량元良(세자)을 두게 되었고 가을에는 풍년이 들었다. 성인이 탄생하신 해에 맞추어 상서로운 징조를 얻었으니 내가 온 나라와 더불어 그 경사를 함께하면서 백성을 사랑하는 일념은 언제나 은혜를 널리 베푸는 데 있고 거듭 풍년이 들었으면 하는 바람은 금년에 더욱 간절하다"라고 하면서 세자(후의 순조)를 얻은 기쁨을 표시하였다. 정조는 또 "내가 왕위에 오른 이후 새해에는 언제나 권농勸農 윤음을 내린 것은 곧 삼가 열성조께서 근본을 중시하고 농사에 힘쓰셨던 거룩한 법도를 계승한 것인데, 이해 이달에는 더욱더 간절하다. 원량이 나라의 근본이 되듯이 백성도 나라의 근본이니 백성이 편안해야만 나라가 평안한 법이다. 둘의 관계가 떼려야 뗄 수 없을 정도로 하나의 이치로 연결되어 있다는 것은 자명하면서도 명백하다. … 나는 백성이 하늘로 삼는 것을 소중히 여겨 '권농'이란 두 글자를 앞에 닥친 많은 일 가운데 첫째가는 급선무로 삼으려고 한다"라고 하면서 새해를 맞아 권농과 민본 정책을 더욱 강화할 것을 다짐하였다.[64]

이어 정조는 새해 계획을 발표하였다. 먼저 관례대로 했던 5일의 조참朝參은 거둥과 겹치므로 10일 전후로 연기할 것을 지시하였다. 또한 종묘와 경모궁 참배에 대한 경호 계획까지 세세히 점검하였다. 정조는 병조에서 종묘와 경모궁에 전알展謁(찾아뵙고 인사를 함)할 때 군병을 마련하는 방안을 보고하자, "훈련도감의 보병 15개 초哨와 마군 3개 초를 선상先廂(앞에서 호위함)과 후상後廂(뒤에서 호위함)으로 삼고, 금군 3개 번番이 가마를 수행하고, 금위영과 어영청은 머물러 진을 칠 것"을 지시하였다. 40세를 맞이한 정조의 새해 첫날 일정은 선원전 행차, 조정의 70세 이상 대신들에 대한 배려, 권농 윤음의 반포, 종묘와 경모궁의 행차 점검, 1월 10일을 전후한 조참 계획 확정 등이었다.

고종, 춘당대에서 과거시험을 실시하다

1866년(고종 3) 5월 3일의 기록에는 고종이 직접 창덕궁 춘당대春塘臺에 나아가 유생들을 시험으로 선발한 정황이 나온다. 왕이 거둥한 시간과 입시한 신하의 명단, 왕의 복장과 궁궐에서의 이동 경로, 시험 실시 과정, 시상에 관한 내용이 상세히 기록되어 있다. 특히 시험 실시 과정에서는 왕과 신하들이 주고받은 대화들을 모두 기록하여 현장의 모습을 그대로 짐작할 수 있게 한

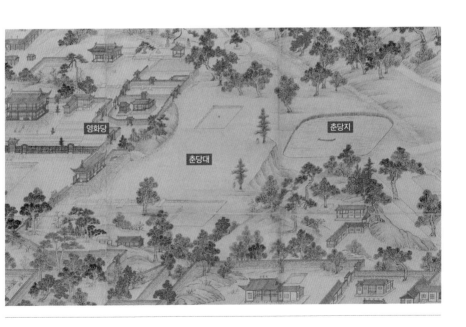

영화당

춘당지

춘당대

그림 27 창덕궁의 춘당대, 〈동궐도〉, 동아대학교 석당박물관 소장

다. 유생들의 입장 여부, 강의할 서책의 낙점과 추첨에 의해 강
의할 부분이 정해지는 과정, 시권試卷의 제출, 합격자 발표와 포
상 내용 등을 빠짐없이 기록하여 현장의 모습을 중계하고 있는
듯한 느낌을 준다. 『승정원일기』 2700책(탈초본 128책), 고종 3년
(1866) 3월 3일의 기록을 보자.

임금이 춘당대에 거둥하여 춘도기春到記에 친림하여 유
생을 시취試取하였다. 이때 입시한 도승지 이재면, 좌승
지 황종현, 우승지 송희정, 좌부승지 이원회, 우부승지
정기회, 동부승지 조성교, 기사관 김경균, 가주서 방효
린 등이 차례로 시립하였다. 때가 되자, 통례가 무릎 꿇
고 외판外辦을 계청하였다. 임금이 익선관과 곤룡포 차
림으로 여輿에 올라 선화문宣化門을 나갔다. 약방제조
김병주와 부제조 이재면이 앞으로 나와 아뢰기를, "아
침 일찍 수고로이 거둥하셨는데 성상의 체후는 어떠하
십니까?" 하니, 임금이 한결같다고 하였다. 이어 협양
문協陽門을 나가 건양문建陽門·동룡문銅龍門·청양문靑陽門
을 지나 춘당대로 갔다. 통례가 꿇어앉아 여에서 내리
기를 계청하자 임금이 여에서 내려 좌座에 올랐다. 이
재면이 아뢰기를, "표신標信을 내어 둘러친 포장布帳을

열어 유생을 입장시킬까요?" 하니, 임금이 이르기를, "이미 내린 표신으로 거행하라" 하였다. … 황종현이 입분 난사(入門難辭)를 읽었다. 임금이 시관에게 부(賦)의 제목을 쓰라고 명하였는데, '대궐문에 나와 정치에 대해 묻는 날에 조정과 향당에 하유하시니 기강이 서고 풍속이 바로잡히네(端門訪治之日, 諭朝廷鄕黨, 立紀綱正風俗)'라는 것이었고, 마감 시간은 신시였다. 김세균이 꿇어앉아 써서 읽기를 마치자 홍대종이 받들고 나가 내걸었다. 황종현이 강(講)할 서책 망단자를 올리자 임금이『시전』을 낙점하였다. 이어 강을 열라고 명하니, 황종현이 아뢰기를, "강할 장(章)은 어떻게 해야겠습니까?" 하자, 임금이 이르기를, "추첨해서 하라" 하였다. 임금이 직접 4명의 강을 받았다. 황종현이 아뢰기를, "전한을 회권(會圈)하라고 명하셨는데, 정관을 패초하여 정사를 열게 하여 하비(下批)하시는 것이 어떻겠습니까?" 하니, 임금이 그렇게 하라고 하였다. … "첫 번째 장이 이미 들어왔으니, 둘러친 포장을 열어 시권(試券)을 낸 유생들을 차례로 내보낼까요?" 하니, 임금이 그렇게 하라고 하였다. 임금이 직접 5명의 시권을 받고, 이어 소차로 들어갔다. 잠시 후에 임금이 소차를 나와 직접 6명의 시권을 받고 임금이 소차로 들어갔다. 조연창趙然昌이 강을 끝내고 방목榜目을 써 들였다. 이재면이 사알을 통해 구전으로 여쭙기를, "이번에 몇 명을 뽑으며, 과차는 어떻게 해야겠습니까?" 하니, 사알을 통해 구전口傳으로 하교하기를, "10명을 뽑으라" 하였다. 잠시 후에 소차를 나왔다. 김세균이 고시考試를 마쳤다. 임금이 과차科次를 하라고 명하자 김세균이 과차를 아뢰었다. 홍대종이 첫 번째 시권을 읽자 임금이 그치라고 하였다. 김세균이 아뢰기를, "등차를 어떻게 쓸까요?" 하니, 임금이 이르기를, "제일 첫 번째 장은 삼하三下라 쓰고, 두 번째 장은 초서草書로 삼하라 쓰고, 그 나머지는 모두 차상次上이라고 쓰라" 하였다. 김세균이 등차를 다 쓰고 나자, 황종현이 아뢰기를, "봉한 곳을 뜯는 것은 어떻게 해야겠습니까?" 하니, 임금이 이르기를, "도승지가 봉한 곳을 뜯으라" 하였다. 이재면이 봉한 곳을 뜯었다. 김세균이 이르기를, "예차豫次에다 외外 자를 쓸까요?" 하니, 임금이 그렇게 하라고 하였다.

　—『승정원일기』 2700책(탈초본 128책), 고종 3년(1866) 3월 3일

이어서 전교를 내려 합격자에 대한 구체적인 시상 내용이

모두 기록이 되어 있다.

"훈 도기 강에서 통通요료 수석 한 유학 이신국李愼國과 제술의 부에서 삼하로 수석 한 유학 홍만식洪萬植은 직부전시直赴殿試 하고, 강에서 통으로 2등 한 유학 김복성金復性 등 7명과 제술에서 초삼하로 2등 한 김영수金永壽는 직부회시直赴會試 하고, 강에서 약略으로 3등 한 유학 유정식柳廷植 등 6명과 제술에서 차상次上으로 3등 한 유학 조병호趙秉鎬에게는 2분分을 주고, 강에서 약으로 4등 한 유학 권재학權在學 등 6명과 제술에서 차상次上으로 4등 한 진사 조용섭趙容燮 등 2명에게는 1분을 주고, 강에서 조粗로 5등 한 생원 정달교鄭達敎 등 13명과 제술에서 차상으로 5등 한 생원 유도柳燾 등 5명에게는 각각 『규장전운奎章全韻』 1건件을 사급하라" 하고, 또 명하여 전교를 쓰게 하기를, "합격한 유생들을 내일 대령시키라"고 하였다. 통례가 예가 끝났음을 무릎 꿇고 아뢰니 임금이 자리에서 내려왔고, 통례가 여에 타도록 계청하자 임금이 여에 탔다. 청양문·흥덕문興德門·명광문明光門·동룡문·건양문을 지나 협양문에 이르렀을 때 병조참판 이주철이 방장放杖을 계품하였고, 이원회가 표

신을 내어 해엄解嚴하기를 청하였다. 선화문을 지나 대
내로 돌아가니 신하들이 차례로 물러 나왔다.

—『승정원일기』 2700책(탈초본 128책), 고종 3년(1866) 3월 3일

실록은 이날 춘당대에서 고종이 직접 참여한 시험이 있었음
을 간략히 기록하고 있다.[65] 위의 기록에서는 『승정원일기』가
현장 상황을 그대로 중계하고 있는 듯한 느낌을 접할 수가 있
다. 더욱이 왕이 시험의 전 과정에 결정권을 행사하고 있음이
나타나, 조선이 왕조 국가가 확실하다는 모습을 확인할 수가 있
다. 위의 사례에서는 무엇보다 『승정원일기』의 기록이 왜 전통
생활사의 보고가 될 수 있는지를 실증해 주고 있다.

『승정원일기』의 기록 정신과 활용

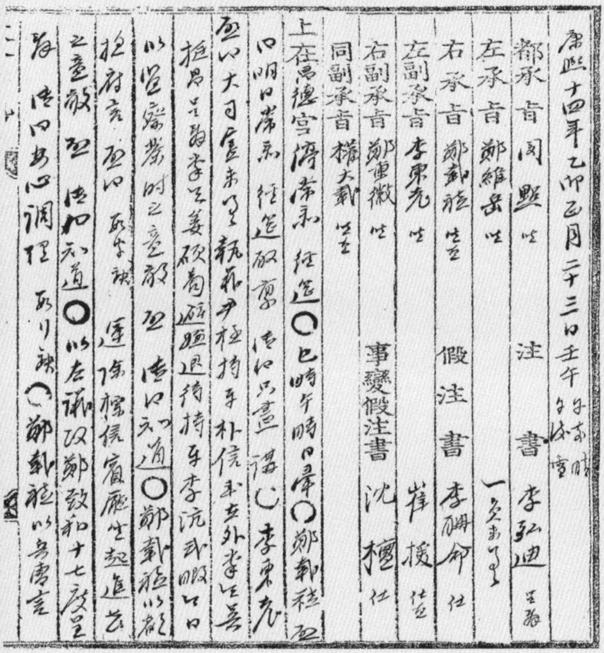

그림 28 『승정원일기』에 나오는 날씨 관련 기록, 『승정원일기』 244책(탈초본 12책), 숙종 1년 1월 23일 임오, 서울대학교 규장각한국학연구원 소장

위에서 여러 사례를 살펴본 것처럼 『승정원일기』는 매우 다양한 내용을 다루고 있으며, 그것도 매우 자세하게 서술하고 있음이 나타난다. 특히 실록의 기록과 비교할 때, 같은 사안에 대해 왕과 신하의 대화체로 서술하여 마치 현장에 직접 들어와 있는 듯한 느낌도 받을 수 있다. 이와 더불어 『승정원일기』의 자료적 가치를 보다 돋보이게 하는 요소는 앞부분에 날씨와 매일의 담당자를 기록한 점이다. 특히 『승정원일기』에 기록된 날씨 관련 자료는 288년간의 날씨 기록이 빠짐없이 정리되었다는 점에서 큰 의미를 지닌다. 날씨는 청晴(맑음), 음陰(흐림), 우雨(비), 설雪(눈) 등으로 매일의 날씨가 기록되어 있는데 경우에 따라서는 '오전 맑음, 오후 눈(午前晴午後雪)', '아침 비, 저녁 맑음(朝雨夕晴)' 등으로 하루 중 일기의 변화까지도 기록하였으며, 비가 내린 경우, 측우기로 수위를 측정한 결과까지 꼼꼼히 정리하였다. 『승정원일기』의 날씨 관련 기록만을 모아도 조선시대 288년간의 일기 상황을 확실히 파악할 수 있고 전통시대 기후 연구뿐만 아니라 앞으로의 기후 예측에도 큰 도움을 안겨 줄 것으로 기대된다. 이처럼 매일의 기후가 단절됨이 없이 기록된 사례는 세계적으로도 흔치 않은 사례일 것이며, 이러한 자료의 통계 처리는 오늘날에도 유효하게 활용될 수 있을 것이다.

또한 『승정원일기』에는 본 내용을 기록하기 전에 승정원 벼슬아치들의 실명實名을 꼭 적었다. 앞부분에는 6명의 승지를 비롯하여 주서, 가주서, 사변가주서 등의 실명이 나온다. 무엇보나 매일매일 기록 각 승지의 실명은 꼭 적었다. 병이나 사고 등으로 출석하지 못한 상황까지 '병病', '재외在外', '식가式暇' 등의 표현으로 기록하여 기록의 주체를 분명히 하였다. 기록의 실명

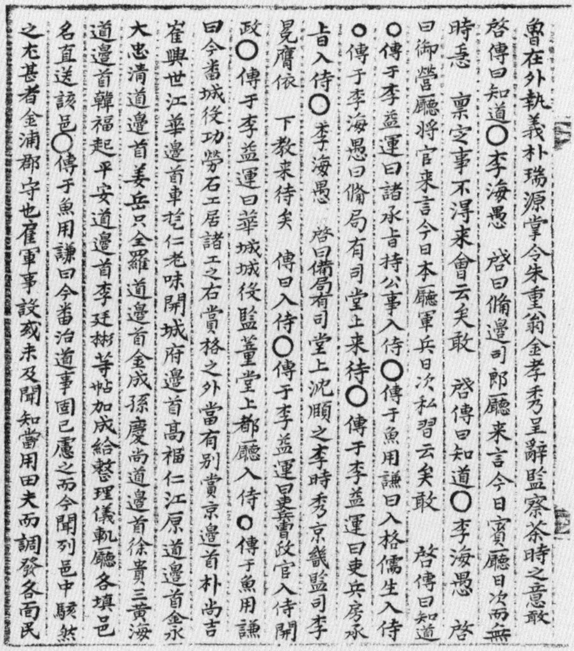
魯在外執義朴瑞源掌令朱重翁金孝秀呈辭監察茶時之意敢
啓傳曰知道○李海愚 啓曰備邊司郎廳来言今日賓廳日次而無
時急 稟定事不得来會云矣敢 啓傳曰知道○李海愚 啓
曰御營廳將官来言今日本廳軍兵日次私習云矣敢 啓傳曰知道
○傳于李益運曰諸承旨持公事入侍○傳于魚用謙曰入格儒生入侍
○傳于李海愚曰備局有司堂上来待○傳于李益運曰吏兵房承
旨入侍○李海愚 啓曰備局有司堂上沈頤之李時秀京畿監司李
晃膺依 下教来待矣 傳曰入侍○傳于李益運曰吏曹政官入侍開
政○傳于李益運曰華城城役監董堂上都廳入侍○傳于魚用謙
曰今番城役功勞石工居諸工之右賞格之外當有別賞京邊首朴尚吉
崔興世江華邊首車乭仁老味開城府邊首高福仁江原道邊首金永
大忠清道邊首姜岳只全羅道邊首金成孫慶尚道邊首徐貴三黃海
道邊首韓福起平安道邊首李廷彬等帖加成給整理儀軌廳各填邑
名直送該邑○傳于魚用謙曰今番治道事固已慮之而今聞列邑中駭然
之尤甚者金浦郡守也雇軍事設或未及聞知當用田夫而調發各面民

그림 29 『승정원일기』에 나오는 강아지 관련 기록, 『승정원일기』 1767책(탈초본 93책), 정조 20년 9월 10일 임자, 서울대학교 규장각한국학연구원 소장

화는 이들에게 책임감과 함께 국가의 공식 기록에 있어서 자신의 역할을 강조함으로써 이들에게 자부심과 사명감도 아울러 부여했을 것으로 여겨진다. 조선시대에는 각종의 기록에서 참여자의 실명을 쉽게 접할 수 있는데,『의궤』와 같은 자료에서는 화원이나 하급 장인들의 이름까지 일일이 기록한 모습을 볼 수 있다. 국가적 기록물에 이름만으로도 하급 장인임을 알 수 있는 신돌이申乭伊, 김순노미金順老味, 강아지姜岳只 등과 홍애紅愛, 차애次愛 등 기녀妓女들의 실명이 당당히 들어 있다.[66] 물론 행사에 따르는 책임 소재를 명확히 하려는 뜻도 있었겠지만 미천한 인물에게까지 자부심을 고취하려는 국가적 배려가 숨어 있다. 의궤나『승정원일기』에 나타난 철저한 실명 기록 방식이 예사롭지 않은 것은 현재에도 이러한 방식이 절실히 요청되기 때문이다.

『승정원일기』는 원본 1부가 서울대학교 규장각에 소장되어 있었으나, 초서草書로 기록되어 해독이 용이하지 않았다. 이러한 문제점을 해소하기 위하여 국사편찬위원회에서는 1961년부터 원래 초서로 쓰인 원본을 탈초脫草하여 그 원문을 쉽게 알아볼 수 있도록 하였다. 현재 국사편찬위원회의 홈페이지에서는 탈초한 원문을 제공하고 있다.『승정원일기』탈초와 정보화 사업은 초서로 된 원문을 쉽게 읽을 수 있게 하여『승정원일기』의

보급에 크게 기여하였지만, 한문으로 쓰인 방대한 원문은 여전히 소수의 전공 분야 연구자만이 이용할 수 있는 한계가 있었다. 이러한 상황에서 민족문화추진회(현재의 한국고전번역원)에서 1994년부터 고종 대의 『승정원일기』를 시작으로 국역 사업을 단계적으로 추진하여 현재 인조 대와 영조와 정조 대, 고종 대의 국역이 일부 이루어졌다. 이 성과물은 한국고전번역원의 홈페이지에서 고전종합DB를 통해 제공되어 『승정원일기』 연구 활성화와 국학의 대중화에 크게 기여하고 있다. 최근에 와서는 역사 드라마나 영화의 제작에도 『승정원일기』가 적극적으로 활용되고 있다.

현재로서는 예산과 인력의 부족으로 『승정원일기』의 완역이 모두 이루어질 시기를 예상할 수가 없다. 2022년 한국고전번역원 관계자에 의하면, 현재 전체 번역의 32%가 이루어졌고 2,400여 책의 분량이 남아 있다고 한다. 현재의 진도대로 나간다면, 2048년경에 완성될 것이라고 하였다. 고전번역원의 고전종합DB 사이트에 들어가 보면, 인조, 고종, 순종 대의 전량이 번역되었고, 영조는 즉위년인 1724년부터 1740년(영조 16)까지의 『승정원일기』가 번역되었음을 확인할 수 있다. 『승정원일기』의 국역 사업이 모두 이루어진다면 조선왕조의 역사가 우리에게 보다 객관적이고 생동감 있게 다가설 것으로 기대가 된다.

조선 왕실의 숨결까지 담겨 있는 『승정원일기』는 조선시대 생활사 모습 복원에 가장 기본 자료로 활용할 수 있으며, 『승정원일기』의 적극적인 활용은 조선시대 문화 원형의 복원에도 중요한 역할을 할 수 있을 것으로 기대가 된다.

주석

1 당시 승정원 주서가 궁궐 내에서 거처하던 방을 당후(堂后)라고 불렀기 때문에 『당후일기』라 불린다. 현재 전해지는 『당후일기』로는 김종직, 권벌, 이황, 김성일, 공서린, 이상정이 쓴 일기 등 10여 건이 있다. 이 중 정조 대의 문신인 류이좌(柳台佐)가 1799년(정조 23)에 저술한 『당후일기』는 하회마을의 풍산 류씨 집안인 화경당(和敬堂), 일명 북촌택(北村宅)에서 소장하고 있던 자료로, 정조 때 주서로 재직했던 류이좌가 1799년 5월 17일의 정사를 기록한 『당후일기』 원본이다. 2004년에 기탁되어 현재 한국국학진흥원에 소장되어 있다.

2 『經國大典』, 「吏典·承政院」.

3 『한경지략』은 19세기 초반의 학자 유본예가 서울의 역사와 궁궐의 모습 등을 자세히 정리한 부지(附誌)의 성격을 띤 책이다. 유본예는 유득공의 아들로, 선대로부터 수집한 서울에 관한 전적을 토대로 하여 현지답사와 조사, 전설 등을 고증하여 이 책을 편찬했다. 19세기 초반의 서울 및 궁궐의 연혁과 이에 얽힌 일화들을 이해하는 데 도움이 되는 자료이다.

4 서울학연구소, 『宮闕志』(영인본), 1994, 24쪽, "承政院在月華門外."

5 같은 책, 73쪽, "承政院在仁政殿東. 一在昌慶宮文政門外, 掌出納王命."

6 『六典條例』 卷2, 「吏典·承政院」.

7 오수창, 「《銀臺條例》 解題」, 김윤제 엮음, 『兩銓便攷·銀臺條例』(영인본), 서울대학교 규장각, 2000; 오수창, 「《銀臺便攷》 解題」, 김윤제 엮음, 『銀臺便攷』(영인본) 상·하, 서울대학교 규장각, 2000. 서울대학교 규장각한국학연구원에서는 2000년에 『양전편고(兩銓便攷)』 및 『은대조례(銀臺條例)』와 『은대편고(銀臺便攷)』의 영인본을 간행하였다.

8 『銀臺條例』, 「故事」, "都承旨 吏房 左承旨 戶房 右承旨 禮房 左副承旨 兵房 右副承旨 刑房 同副承旨 工房."

9 『六典條例』 卷2, 「吏典·承政院」, "都令(稱知申)左令右令爲東壁, 左副令右副令同副令爲西壁, 以稱備禁中六官."

10 한충희, 앞의 책, 203쪽.

11 전해종, 「承政院考」, 『진단학보』 25·26·27 합집, 진단학회, 1964, 219-221쪽.

12 『六典條例』卷2, 「吏典·承政院」, "承政院掌王命出納, 都承旨左承旨右承旨左副承旨右副承旨同副承旨各一員, 注書二員, 事變假注書一員, 吏胥(胥吏二十五人輪回分掌六房), 徒隷(使令三十五名, 實加出十二名, 加出引陪及請座使令十四名, 引陪使令六名, 驅從六名, 水工三名, 加出三名, 待漏院軍士二名)."

13 『芝峯類說』卷4, 「官職部·官制」, "前朝時, 密直司, 或稱樞密院, 卽今之承政院, … 吏屬則置別駕主事令史記官通引幷三十六人, 今吏輩稱別駕以此."

14 조선시대에 승지를 역임한 인물의 연명부(連名簿) 성격을 띤 책으로, 기재 내용은 성명, 자, 호, 전직(前職), 최고 관직 등이다. 1책은 국초(國初)에서 1729년(영조 5)까지, 2책은 1745년(영조 21)에서 1782년(정조 6)까지, 3책은 1850년(철종 1)에서 1868년(고종 5)까지의 인물이 실려 있다. 1888년(고종 25)에서 1894년(고종 31)까지 승지직을 지낸 인물의 명단은 『승지선생안(承旨先生案)』(奎9731)에 실려 있다.

15 『태종실록』 권10, 태종 5년(1405) 12월 6일.

16 『태종실록』 권14, 태종 7년(1407) 7월 13일.

17 『燃藜室記述』卷4, 「端宗朝故事本末·上王復位論議」.

18 『연산군일기』 권52, 연산 10년(1504) 4월 9일.

19 『정조실록』 권1, 정조 즉위년(1776) 3월 13일.

20 『승정원일기』 1385책(탈초본 77책), 정조 즉위년(1776) 7월 5일.

21 『승정원일기』에 대한 연구 성과로는 다음의 논문과 저술이 있다. 신병주, 「《承政院日記》의 자료적 가치에 관한 연구」, 『규장각』 24, 서울대학교 규장각한국학연구원, 2001; 박홍갑 외, 『승정원일기, 소통의 정치를 논하다』, 산처럼, 2009; 한국고전번역원 승정원일기 번역팀, 『후설: 승정원일기 역사의 현장을 기록하다』, 한국고전번역원, 2013.

22 한충희, 「朝鮮初期 承政院研究」, 『한국사연구』 59, 한국사연구회, 1987, 55쪽.

23 『문종실록』 권12, 문종 2년(1452) 2월 22일.

24 『漢京識略』, 「闕內各司·承政院」.

25 『중종실록』 권62, 중종 23년(1528) 7월 7일.

26 『중종실록』 권73, 중종 27년(1532) 5월 1일.

27 『중종실록』 권73, 중종 27년(1532) 8월 17일.

28 『광해군일기』권21, 광해 1년(1609) 10월 5일.

29 현재 규장각에는 『실록형지안(實錄形止案)』357책, 『선원록형지안(璿源錄形止案)』201책, 『외규장각형지안(外奎章閣形止案)』20책 등 585책의 형지안이 보관되어 있어서 사고(史庫)에 보관된 실록과 선원록 관리가 철저해음을 보여 주고 있다.

30 『선조수정실록』권26, 선조 25년(1592) 4월 14일.

31 『세조실록』권40, 세조 12년(1466) 11월 17일.

32 『영조실록』권40, 영조 11년(1735) 9월 9일.

33 『영조실록』권60, 영조 20년(1744) 10월 13일.

34 국사편찬위원회는 1996년에 『당후일기』, 『춘추관일기』의 원문에 색인을 첨부하여 영인본으로 간행하였다.

35 『승정원일기』392책(탈초본 20책), 숙종 26년(1700) 7월 25일.

36 『승정원일기』891책(탈초본 48책), 영조 15년(1739) 5월 30일.

37 『영조실록』권57, 영조 19년(1743) 윤4월 7일.

38 『승정원일기』957책(탈초본 52책), 영조 19년(1743) 윤4월 7일.

39 특히 지진에 관한 기록은 『조선왕조실록』에 전 지역의 발생 상황을 매우 자세히 기록한 것이 주목된다. 지진에 관한 기록은 원자력 발전소의 건설에도 참조가 되는 등 현재에도 유용하게 활용할 수 있다.

40 『승정원일기』55책(탈초본 3책), 인조 15년(1637) 1월 30일.

41 『승정원일기』55책(탈초본 3책), 인조 15년(1637) 1월 30일.

42 『승정원일기』55책(탈초본 3책), 인조 15년(1637) 1월 30일.

43 『숙종실록』권10, 숙종 6년(1680) 9월 8일.

44 『승정원일기』278책(탈초본 14책), 숙종 6년(1680) 9월 8일.

45 『승정원일기』숙종 9년(1683) 10월 20일, 21일, 22일, 23일, 24일, 25일, 26일 등의 기록에는 연이어 숙종의 병환을 치료하는 내용이 보이며, 경연과 상참을 중지한 기록이 보인다.

46 『승정원일기』301책(탈초본 15책), 숙종 9년(1683) 10월 27일.

47 『숙종실록』권14, 숙종 9년(1683) 11월 17일.

48 『영조실록』권47, 영조 14년(1738) 7월 4일.

49 이때 행사의 모습을 기록과 그림으로 정리해 놓은 자료로 『영조정순후가례도감의궤(英祖貞純后嘉禮都監儀軌)』가 있다.

50 『승정원일기』 1168책(탈초본 65책), 영조 35년(1759) 5월 4일.

51 영조와 정순왕후의 51세가 가장 나이 차이가 많은 사례이며, 다음으로 선조는 1602년(선조 35) 51세의 나이로 19세의 신부 인목왕후를 계비로 맞이하였다. 인조는 1638년(인조 16) 44세의 나이로 15세의 신부 장렬왕후(莊烈王后)를 계비로 맞이하였다.

52 『승정원일기』 1168책(탈초본 65책), 영조 35년(1759) 5월 5일.

53 『승정원일기』 1169책(탈초본 65책), 영조 35년(1759) 6월 2일.

54 왕비로 간택된 규수가 친영 의식을 행하기 전까지 머물던 별궁의 하나로, 사가(私家)에서 국왕을 맞이하는 부담을 줄이고, 미리 왕비 수업을 받을 수 있게 별궁을 설치하였다. 조선 후기의 가례에서 별궁으로 사용된 장소는 태평관, 어의궁, 운현궁, 안국동 별궁 등이다.

55 『영조실록』 권93, 영조 35년(1759) 6월 22일.

56 『승정원일기』 1169책(탈초본 65책), 영조 35년(1759) 6월 22일.

57 『승정원일기』 1179책(탈초본 65책), 영조 36년(1760) 3월 16일(영인본 65책, 963쪽 나).

58 『영조실록』 권95, 영조 36년(1760) 3월 16일.

59 『승정원일기』 1342책(탈초본 75책), 영조 49년(1773) 8월 1일.

60 『영조실록』 권121, 영조 49년(1773) 9월 13일.

61 『승정원일기』 1343책(탈초본 75책), 영조 49년(1773) 9월 13일.

62 『승정원일기』 1214책(탈초본 68책), 영조 39년(1763) 1월 1일 기미.

63 『승정원일기』 1685책(탈초본 89책), 정조 15년(1791) 1월 1일 병자.

64 『승정원일기』 1685책(탈초본 89책), 정조 15년(1791) 1월 1일 병자.

65 『고종실록』 권3, 고종 3년(1866) 3월 3일.

66 『英祖貞純后嘉禮都監儀軌』, 「工匠秩」.

참고문헌

『經國大典』.

『經國大典註解』.

『高宗實錄』.

『光海君日記』.

『明宗實錄』.

『文宗實錄』.

『宣祖實錄』.

『成宗實錄』.

『世祖實錄』.

『世宗實錄』.

『肅宗實錄』.

『承政院日記』.

『燕山君日記』.

『英祖實錄』.

『英祖貞純后嘉禮都監儀軌』.

『六典條例』.

『銀臺先生案』.

『銀臺條例』.

『銀臺便攷』.

『仁祖實錄』.

『日省錄』.

『正祖實錄』.

『定宗實錄』.

『中宗實錄』.

『太祖實錄』.

『太宗實錄』.

『顯宗實錄』.

『孝宗實錄』.

柳本藝, 『漢京識略』.

李肯翊, 『燃藜室記述』.

李睟光, 『芝峰類說』.

강성득, 『英祖代《承政院日記》의 改修에 관한 一考察』, 고려대학교 석사학위논문, 2004.

국사편찬위원회 엮음, 『朝鮮時代史草』 II, 국사편찬위원회, 1996.

김종수, 「《승정원일기》 편찬체제와 타 문헌과의 비교 검토」, 『인문학논총』 3, 경성대학교 인문과학연구소, 2003.

명경일, 『조선후기 승정원일기의 구성과 편찬』, 고려대학교 박사학위논문, 2021.

박권수, 「《承政院日記》 속의 천변재이 기록」, 『사학연구』 100, 한국사학회, 2010.

박홍갑 외, 『승정원일기, 소통의 정치를 논하다』, 산처럼, 2009.

서울학연구소, 『宮闕志』(영인본) 1, 서울학연구소, 1994.

신병주, 「《承政院日記》의 자료적 가치에 관한 연구」, 『규장각』 24, 서울대학교 규장각한국학연구원, 2001.

오수창, 「解題」, 김윤제 엮음, 『兩典便攷·銀臺條例』(영인본), 서울대학교 규
　　장각한국학연구원, 2000.

＿＿＿, 「解題」, 김윤제 엮음, 『銀臺便攷』(영인본) 상·하, 서울대학교 규장각
　　한국학연구원, 2000.

＿＿＿, 『왕으로 산다는 것』, 매경출판, 2017.

오항녕, 「조선후기 《承政院日記》改修 연구」, 『태동고전연구』 22, 한림대학
　　교 태동고전연구소, 2006.

우경섭, 『朝鮮初期 承政院의 政治的 役割 硏究』, 전북대학교 박사학위논문,
　　1994.

이강욱, 「《承政院日記》를 통해 본 草記의 전면적 考察」, 『민족문화』 34, 한
　　국고전번역원, 2009.

＿＿＿, 「《승정원일기》 입시 기사와 대화 내용의 문서화」. 『고문서연구』
　　57, 한국고문서학회, 2020.

이근호, 「《承政院日記》報告記錄의 特徵과 情報化 方案」, 『한국사론』 37, 국
　　사편찬위원회, 2003.

＿＿＿, 「英祖代〈承政院日記〉의 改修過程의 검토」, 『조선시대사학보』 31,
　　조선시대사학회, 2004.

임천환, 『朝鮮後期 承政院 注書에 대한 硏究』, 국민대학교 석사학위논문,
　　2003.

전해종, 「承政院考」, 『진단학보』 25·26·27 합집, 진단학회, 1964.

정만조, 「《承政院日記》의 作成과 史料的 價値」, 『한국사론』 37, 국사편찬위
　　원회, 2003.

조계영, 『朝鮮初期 六曹와 統治體系』, 계명대학교출판부, 1998.

＿＿＿, 「《승정원일기》의 修納과 관리에 대한 고찰」, 『규장각』 49, 서울대학
　　교 규장각한국학연구원, 2016.

_____, 「영조 연간의 《改修日記》와 일기청 운영의 실상」, 『규장각』 55, 서울대학교 규장각한국학연구원, 2019.

한국고전번역원 승정원일기 번역팀, 『후설: 승정원일기 역사의 현장을 기록하다』, 한국고전번역원, 2013.

한국학중앙연구원, 『李道長의 承政院日記』, 한국학중앙연구원, 2010.

한충희, 「朝鮮初期 承政院研究」, 『한국사연구』 59, 한국사연구회, 1987.